MARCO ● POLO

W0197298

IBIZA
FORMENTERA

Reisen mit Insider Tipps

ATLANTISCHER OZEAN
DEUTSCHLAND
FRANKREICH
SCHWEIZ
PORTUGAL
ANDORRA
Bilbao
Lissabon
Madrid
SPANIEN
Barcelona
ITALIEN
Korsika (F)
Valencia
Balearen (E)
Mallorca
Sardinien (I)
Málaga
Ibiza
Mittelmeer
MAROKKO
ALGERIEN
TUNESIEN

> Reizvoll sind die Kontraste: lange
> Strände und kleine Buchten, Klippen
> und grüne Höhenzüge, der große
> Dreh- und Angelpunkt Ibiza-Stadt
> und die ausgestreuten kleinen Dörfer
> im Hinterland …
> *MARCO POLO Autor*
> *Andreas Drouve*
> (siehe S. 130)

Das passt:
Der MARCO POLO Sprachführer Spanisch

Weitere MARCO POLO Titel:
Mallorca, Menorca, Barcelona

Spezielle News, Lesermeinungen und Angebote zu Ibiza:
www.marcopolo.de/ibiza

IBIZA

> SYMBOLE

Insider Tipp MARCO POLO INSIDER-TIPPS
Von unserem Autor für Sie entdeckt

★ MARCO POLO HIGHLIGHTS
Alles, was Sie auf Ibiza und Formentera kennen sollten

☀ SCHÖNE AUSSICHT

📶 WLAN-HOTSPOT

▶▶ HIER TRIFFT SICH

> PREISKATEGORIEN

HOTELS
€€€   über 160 Euro
€€   100–160 Euro
€   bis 100 Euro
Die Preise gelten für eine Übernachtung von zwei Personen im DZ in der Hauptsaison (Juli/Aug.)

RESTAURANTS
€€€   über 20 Euro
€€   10–20 Euro
€   unter 10 Euro
Die Preise gelten für ein Essen ohne Getränke bzw. für ein typisches Tagesmenü

> KARTEN

[120 A1] Seitenzahlen und Koordinaten für den Reiseatlas Ibiza/Formentera

[U A1] Koordinaten für die Karte Eivissa/Ibiza-Stadt im hinteren Umschlag

Zu Ihrer Orientierung sind auch die Orte mit Koordinaten versehen, die nicht im Reiseatlas eingetragen sind

› SZENE

S. 12–15: Trends, Entde-
ckungen, Hotspots! Was
wann wo in Ibiza und
Formentera los ist, verrät
der MARCO POLO Szene-
autor vor Ort

› 24 STUNDEN

S. 98/99: Action pur und
einmalige Erlebnisse in
24 Stunden! MARCO POLO
hat für Sie einen außer-
gewöhnlichen Tag auf
Ibiza zusammengestellt

› LOW BUDGET

Viel erleben für wenig Geld!
Wo Sie zu kleinen Preisen
etwas Besonderes genießen
und tolle Schnäppchen
machen können:

Flohmarkt am Flughafen
S. 39 | Preiswerte Stärkung in
Sant Josep vor dem Anstieg auf
den Sa Talaia S. 53 | Billig im
Bungalow übernachten S. 72 |
Günstiges Vergnügen: eine
Fahrradtour auf Formentera
S. 86

› GUT ZU WISSEN

Was war wann? S. 10 |
Spezialitäten S. 26 | Teurer
Diskospaß S. 44 | Zukunftsmusik
S. 46 | Luxus hinter Bruchstein
S. 57 | Blogs & Podcasts S. 62 |
Bücher & Filme S. 74 |Nützliche
Meereswälder S. 90

AUF DEM TITEL
Ländlicher Luxus und traum-
hafte Fincas S. 59, 63
Feiern in der Party-Metropole
Eivissa S. 42–44

ENTDECKEN SIE IBIZA UND FORMENTERA!

Unsere Top 15 führen Sie an die traumhaftesten Orte und zu den spannendsten Sehenswürdigkeiten

Die Highlights sind in der Karte auf dem hinteren Umschlag eingetragen

 Dalt Vila
Tauchen Sie ein in Mauerverbünde und Gassengeflechte – Eivissas faszinierender Altstadthügel ist Welterbe der Unesco (Seite 35)

 Pacha
Hier halten Nachtschwärmer ihre Euros für gut angelegt – Superstimmung in der Superdisko (Seite 44)

Platja d'es Cavallet
Sonne, Sand und nackte Tatsachen – hier können Sie die Seele baumeln und die Hüllen fallen lassen (Seite 46)

Platja d'es Codolar
Hotspot für den Sundowner mit unvergleichlichem Blick auf die Zauberinseln (Seite 46)

 Cala d'Albarca
Kulissen aus Klippen und Kiefern säumen eine der spektakulärsten Buchten Ibizas (Seite 55)

 Cala Bassa
Geschützte Bucht mit Sand und Felsen sowie schöner Aussicht aufs Meer (Seite 56)

 Cala d'Hort
Traumhafter Blick auf die „Dracheninseln" Es Vedranell und Es Vedrà – eine der Vorzeigeansichten der Pityusen (Seite 59)

 Sa Talaia
Der Berg ruft – hinauf auf Ibizas höchsten Buckel; die Fernsicht ist einfach phantastisch (Seite 62)

> DIE BESTEN MARCO POLO HIGHLIGHTS

☆ Privilege
Megafun in der Megadisko – der Promi-
und Partytreff in Sant Rafel im Herzen der
Insel (Seite 63)

☆ Cova de Can Marçà
Tropfsteinhöhle bei Port de Sant Miquel
mit Licht- und Tonshow (Seite 68)

☆ Volkstänze
Tänze, Musik und bunte Trachten – jeden
Donnerstagabend steht Sant Miquel de
Balansat im Zeichen von Folklore
(Seite 69)

☆ Puig de Missa
Steigen Sie Santa Eulàrias Hausberg aufs
Dach, treten Sie durch den überdachten
Arkadenvorhof ein in die Wehrkirche
(Seite 72)

☆ Platja de Llevant
Hier gehen Beachträume in Erfüllung:
Nach Herzenslust baden und sonnen
an Formenteras Vorzeigestrand – wer's
mag, auch unten und oben ohne ...
(Seite 82)

☆ La Mola
Science-Fiction-Altmeister Jules Verne
setzte der Hochebene einst ein lite-
rarisches Denkmal; am Leuchtturm ist
Endstation in Formenteras weitem
Osten (Seite 83)

☆ Cap de Barbaria
Land's End auf Formentera: eine
Felsküste wie aus dem Bilderbuch,
dazu ein Leuchtturm und ein alter
Wehrturm als einsame Monumente
(Seite 88)

WAS
FÜR
INSELN!

Platjes de Comte, Ibiza

> Sie bilden ein traumhaftes Inseldoppel vor der spanischen Mittelmeer-
küste – das quirlige Ibiza und die ruhigere Nachbarin Formentera. Die
Natur ist äußerst facettenreich: Zahllose Strände locken die Sonnenanbeter,
lauschige Buchten verstecken sich zwischen Felsen, im Hinterland werfen
sich kiefernbesetzte Flanken auf. Im Sommer toben wilde Partys, Chillout-
Zones sind Pflicht. Überall fallen Hüllen und Hemmungen, steigt das
Diskofieber bis zum Delirium. Doch wer will, findet auch seine ländlich-
beschaulichen Refugien. Außerhalb der Saison genießt man sowieso die
Stille und die Natur, die kräuterwürzige Luft und das mediterrane Licht.

> Räucherstäbchen, Schweiß, Leder, Seife: Ein kerniger Duftmix hängt in der Luft, während Ketten, Kleider und Tücher made in India unter Sonnensegeln den Besitzer wechseln. „Hippiemärkte" wie der von Las Dalias bewahren die Aura des alten Ibiza, der Blumenkinder, die einst in den Sechziger- und Siebzigerjahren kamen. In ihrem Sog strömte die internationale Feriengemeinde nach und ließ die Mittelmeerinsel zum Inbegriff von Sun & Fun aufsteigen, von Drogen, Alkohol und unverbindlichen One-night-stands.

Die im Winter jungfräulich daliegenden Straßen und Plätze verwandeln sich zur wärmsten Jahreszeit noch

Fischer beim Netzeflicken

heute in heiße Spots: Schaubühnen, Laufstege, Anmachmeilen, Tummelbecken von gelifteten Jetsetlern und längst ergrauten Althippies.

> *Zauber aus Farben, Licht und Gerüchen*

Hier geizt man weder mit Reizen, noch spart man an phantasievollen Outfits. Ibizas legendäre Sommernächte werden zum Tag, der Tag verschwimmt vor Augen. Unter solcherlei Vorzeichen schwebt Europas Jugend unverändert zum Dauer-Event ein. Man vergnügt sich in Gay- und Cocktailbars, tanzt in Szenetreffs und Megadiskos bis zum Umfallen, trifft sich nach den relaxenden Stunden am Strand zu Sundownern und Schaumpartys. Wer hierher kommt, weiß, was er will und sucht – besinnliche Ruhe ganz bestimmt nicht. Oder doch? Denn auch heute gibt es noch das „andere", das beschauliche Ibiza, das einen Besuch zu jeder Jahreszeit lohnt und das mit seinem Zauber aus Farben, Licht und Gerüchen schon zu Beginn des 20. Jhs. Künstler und Intellektuelle aus ganz Europa in seinen Bann zog. Heimlich, still und leise hat sich nicht zuletzt in diesem Bereich die Infrastruktur verbessert. Fernab von wummernden Bässen führen Rad- und Wanderwege durch abgeschiedene Wacholderhaine und Pinienwälder, Berge und Buchten laden zu Entdeckungen ein, einsam gelegene Fincas bieten urige Unterkunft und erstklassigen Service. Ibiza und Formentera bilden ein faszinierendes Inseldoppel, das zu den Balearen gehört und unter dem Begriff

Pityusen firmiert. Schon Karthager, Römer und Mauren fühlten sich hier wohl, während sich die wahre Weltgeschichte woanders abspielte. Ibiza und Formentera schwammen allenfalls kaum ermessen. Offiziell beziffert man die Einwohnerzahl der Inseln auf 130000, wovon 8000 auf Formentera entfallen. Längst haben viele Auswärtige auf den Inseln eine neue

Kunst, frisch vom Erzeuger – auch das bieten die Hippiemärkte auf Ibiza oder Formentera

falls am Rande mit, weshalb große Kulturschätze heute eher Mangelware sind. Aus frühzeitlichen Epochen haben sich mancherorts Hausfundamente und Gräber erhalten, die klobigen Wachtürme an den Küsten legen Zeugnis von den stets befürchteten Piratenattacken zwischen dem 16. und 18. Jh. ab. Auch viele Kirchen haben Wehrcharakter. Der steten Furcht vor Angriffen ist die eindrucksvolle Silhouette von Eivissa zu verdanken, der stark befestigten Hauptstadt Ibizas. Das historische Hügelviertel Dalt Vila schließt mit gewaltigen Mauerverbünden und Bollwerken ab und zählt zum Welterbe der Unesco – und das erfüllt alle Insulaner mit Stolz! Wie viele unter ihnen rein ibizenkisches Blut in den Adern haben, lässt sich

Heimat gefunden, darunter viele *residentes,* wie die Zugereisten hier genannt werden, aus unterkühlten mittel- und nordeuropäischen Sphären. Im Juli und August schwitzen alle um die Wette, zu Jahresbeginn weiden sie sich am Anblick der Mandelblüte und genießen an manchem Wintertag das Frühstück auf der Terrasse. Der Traum von ewiger Wärme wird allerdings nicht unbedingt wahr: Wohl dem, der im Winter eine Heizung im Haus hat!

> **Malerische kleine Buchten zwischen Felsen**

Auf den Pityusen bleibt alles in überschaubarem Rahmen. Ibiza bringt es

WAS WAR WANN?

Um 1600 v.Chr. Für Ibiza ist eine Siedlung im Inselosten nachgewiesen, auf Formentera legt die megalithische Grabstätte Ca na Costa Zeugnis der Präsenz des Menschen ab

654 v.Chr. Über dem Hafenbecken des heutigen Eivissa gründen die Karthager ihre erste Siedlung

1. Jh. v. –5. Jh. n.Chr. Römische Herrschaft auf den Inseln

Ab dem 8. Jh. Die Mauren breiten sich auf die Pityusen aus und führen ausgeklügelte Bewässerungstechniken in der Landwirtschaft ein

1235 Eroberung der Inseln durch die Katalanen

1555–85 Neue Anlage des Befestigungsrings von Evissa

17./18. Jh. Ständige Bedrohungen durch Piraterie, geringe Besiedlung

1936–39 Spanischer Bürgerkrieg, gefolgt von der Franco-Diktatur (bis 1975)

1960er-Jahre Beginn der Hippiekultur und des Massentourismus auf den Inseln

1999 Die Unesco ernennt die befestigte Altstadt von Eivissa zum Weltkulturerbe

2000–04 Spanien unter der Regierung der konservativen Volkspartei (Partido Popular)

2002 Spanien wird Euro-Land

2004–08 Regierung der Sozialistischen Arbeiterpartei (PSOE) unter José Luis Rodríguez Zapatero, der auch die Parlamentswahlen 2008 gewinnt

2008 Ibiza führt die umstrittenen Sperrstunden für Bars und Diskos ein

auf 572 km², Formentera misst gerade einmal 82 km². Ibiza und Formentera liegen in Sichtweite voneinander, zwischen den Inseln herrscht reger Fährverkehr. Strände gibt es wie Sand am Meer, allein auf Ibizas Karten sind über 50 verzeichnet. Allerdings reihen sich die Strandareale nicht nahtlos aneinander. Manche sind nur zu Fuß erreichbar, liegen in kleinen Buchten und sind von Klippen begrenzt. Das wohl temperierte Wasser glänzt hellblau bis türkis, draußen liegen Yachten auf Reede, aus den Strandbars strömen appetitanregende Düfte. Für Kontraste sorgen Täler im Inland und eine vielfältige mediterrane Pflanzenwelt mit Lavendel, Thymian, Wacholder, Kiefern, Wildkräutern, Kakteen und Agaven. Feigen- und Johannisbrotbäume, Mandelhaine und Weingärten fügen sich harmonisch ins Bild. Sieht man einmal von Eivissa, Sant Antoni und Santa Eulària ab, fällt die verstreute Besiedlung auf. Als stille Wahrzeichen sind die kalkweißen Häuser allgegenwärtig.

Der Natur kommt auf Ibiza und Formentera ein besonderer Stellenwert zu, weite Gebiete stehen unter Schutz. So wie die alten Salinen, die auf beiden Inseln heute als Vogelschutzzonen dienen. Am höchsten hinaus geht es auf Ibizas Berg Sa Talaia, einem bewaldeten Buckel von 475 m Höhe mit herrlichem Blick über Hügel und Meer. Formentera hingegen zeigt sich von flacherer Gestalt und ganz auf Natur geeicht. Im Norden züngeln sich die Strände bis an das vorgelagerte Eiland Espalmador heran, im Osten wirft sich das

Hochplateau La Mola um den Berg Sa Talaiassa auf ganze 192 m auf.

> **Formentera, Ibizas beschauliche Schwester**

Zum Glück steht nicht alles im Zeichen des Fremdenverkehrs, der den Inseln mit ca. 1,7 Mio. Besuchern heimischen den übrigen Spaniern in nichts nach und feiern die Feste, wie sie fallen. Mit Hingabe pflegen sie ihre Bräuche, formieren sich bei Patronatsfeiern in bunten Trachten zu Tänzen und lauschen dem Gottesdienst des Inselbischofs in der überfüllten Dorfkirche. Auf *català*, versteht sich, der hier verbreiteten katalanischen Sprache. Ansonsten spricht

Im Hafenviertel von Eivissa steht das Denkmal für die ibizenkischen Seefahrer

(darunter ca. 300000 Deutsche) pro Jahr den Stempel aufdrückt und die wichtigste Einnahmequelle bildet. Abstoßende Bettenburgen sind die Ausnahme, und Unternehmungslustige entdecken erstaunlich unbeleckte Dörfer. Hier begegnet man noch Alten, die durch die Gassen schlurfen und Fremde freundlich grüßen. In ihrer Traditionspflege stehen die Ein-

jeder Spanisch, im Tourismusbusiness manch einer Deutsch. Auch auf kulinarischem Gebiet lauern keine Gefahren – der einheimischen Küche können Sie sich ruhig anvertrauen. Probieren Sie z. B. einen *arròs amb peix*, den typischen Fischreis. Dazu empfiehlt sich ein ibizenkischer Wein. Und dann mit frischen Kräften auf zu neuen Entdeckungen!

TREND GUIDE IBIZA

Die heißesten Entdeckungen und Hotspots! Unser Szene-Scout zeigt Ihnen, was angesagt ist

Friederike Diestel

Die Journalistin und Fotografin lebt und arbeitet auf Ibiza. Dort veranstaltet sie Events und ist seit 2008 Herausgeberin des Szenemagazins *Partysan Ibiza (www.partysan.net)*. Das aktuellste Media-Projekt der Jungunternehmerin nennt sich *My-Ibiza (www.my-ibiza.net)* und ist ein Onlineangebot mit Schwerpunkt auf Insider-News von der Insel. Klar, dass sie so immer weiß, was gerade angesagt ist.

▶▶ IBIZA FASHION

Modisches Hippie-Revival

Wer glaubt, dass die Ära der Hippies vorbei sei, der täuscht sich. Das modische Vermächtnis der Blumenkinder ist wieder voll im Trend: bodenlange Kleider und luftige Tuniken mit Blumenoptik, bunten Mustern oder Tierprints. So spiegelt die Ibiza Fashion genau den Spirit der Insel wider. Zu kaufen gibt es sie bei *Sweet Dreams Ibiza (www.sweetdreams ibiza.com,* Foto) oder *Naomi Ibiza (C/. Montgrí, 20, Eivissa, www.naomi-ibiza.com)*. *Aurobelle Ibiza-India* bezieht auch indische Einflüsse aus Goa mit ein *(Cantunio POL, 29, Santa Gertrudis, www.aurobelle.de)*. Etwas exklusiver sind die Modelle von *Reina Ibiza* (Ctra. Santa Eulària, km 7, *www.la-reina.com)* und *TomTomIbiza (C/. Josep Verdera, Eivissa, www.tomtom-ibiza.com)*.

SZENE

▶▶ AUSSERGEWÖHNLICH

Die etwas anderen Shops erobern die Insel

In ist, was anders ist. Im Zeitalter von MP3 erscheint ein echter Plattenladen wie der *Vinylclub* wie ein Relikt aus vergangenen Tagen (*Av. Ignasi Wallis, 56, Eivissa, www.myspace.com/ vinylclubibiza*). Ähnlich verhält es sich mit dem Laden *Campos de Ibiza*. Rosen-, Zedern- und Mandarinenduft liegt hier in der Luft, schließlich werden die Parfums, Seifen und Duftkerzen, die es hier zu kaufen gibt, noch von Hand hergestellt (*Marina Botafoc, Eivissa, www.camposdeibiza.com*). Bunte und ausgefallene Wohnaccessoires gibt's bei *Sluiz* (*Ctra. Sant Josep, km 8, www.sluiz-ibiza.com*, Foto). Einen frechen Spruch bringt Marcos Torres auf seine T-Shirts, die er für *Dpende* kreiert hat (*C/. Antonio Palau, 9, Eivissa, www.dpendeibiza.com*). Die passenden Accessoires findet man bei *Ibizafashion* (*C/. D'Enmig, 33, oder C/. Miquel Caietà Soler, 3, Eivissa, www.ibizafashion.com*).

▶▶ OOOMMM ...

Die Partyinsel als Ruhepol

Ibiza ist eine magische Insel. Die enge Verbindung zum Erdinneren verleiht ihr eine starke Energie und heilende Kräfte – sagen die Yogis. Mitten im Naturschutzgebiet Els-Amunts befindet sich *Akoo Chillout*, ein Ort für alle, die diese Energie spüren und die Natur Ibizas erleben möchten. Sonnenmeditation, Wellnesstage und die neu eröffnete Glücksschule sollen dabei helfen (*Naturschutzgebiet Els-Amunts, www.akoo. de*). Im *Garten des Lichts* haben das Wohlbefinden und die Gesundheit der Gäste ebenfalls Priorität. Meditation und Yoga stehen auf dem Programm (*Sant Miquel, www.thegarden oflight.net*). Auch *Ibiza Treats* setzt auf Ruhe und bietet mit Nia Yoga beispielsweise eine Kombination von Yoga und Tanz an (*www.ibizaretreats.com*, Foto). Aktuelle Infos gibt's auch auf *www.ibiza.white.com/ibiza-yoga-calender*.

▶▶ MIX DER KULTUREN

Multikulti-Küche unterm Sternenhimmel

Ibizas In-Restaurants sind so abwechslungsreich wie die Insel selbst und locken mit lauschiger Atmosphäre und internationalen Köstlichkeiten. Das *KM5* mischt arabisches Ambiente mit mediterraner Küche *(Av. Sant Josep, km 5,6, Sant Jordi, www.km5-lounge.com, Foto)*. Ähnlich ist das Konzept des *El Ayoun*. Ein Hauch von Orient weht hier durch die Räumlichkeiten, gegessen wir u.a. Sushi *(C/. Isidor Macabich, 6, Sant Rafel, www.elayoun.com)*. Im *Foodism Café* gibt's Specials, die von deutschen bis thailändischen Leckereien alles auf den Tisch zaubern *(Av. de Fruitera, 11, Santa Gertrudis)*.

▶▶ MAXI VERGNÜGEN ...

... bei minimalem Sound

Damit das Feiervolk gut versorgt ist, wechseln sich die großen Partyreihen auf der Insel ab. Donnerstags steigt die *Monza-Party* im *Privilege (Ctra. Eivissa-Sant Antoni, km 7, Sant Rafel, www.monza-club-ibiza.com)*. Mittwochs und samstags hält *The Zoo Project* im ehemaligen Zoo von Sant Antoni dagegen. Alle nicht Seekranken bringen sich vorab schon mal auf *Noah's Ark* bei der offiziellen Preparty auf dem Club Boat in Stimmung *(Treffpunkt 13 Uhr am Pussycat, Ses Païses, www.thezooproject.com)*. Die Partywoche beschließt der *Judgement Sunday* im *Eden (C/. Salvador Espríu, Sant Antoni, www.judgementsundays.es)*.

▶▶ BEACH HOTSPOTS

Ibiza – Königin des Chillouts

Strand, Sommersonne, Liegestühle und entspannte Musik – so sehen die Tage auf Ibiza aus. Der *Jockey Club* bietet seinen Gästen an der Platja de ses Salines genau das und ist somit die ideale Umgebung zum Entspannen *(Chiringuito, 3, Sant Jordi, www.jockeyclubibiza.com)*. Im benachbarten *Sa Trinxa* relaxt man auf weißen Liegen *(Platja de ses Salines, www.satrinxa.com)*. Das *Blue Marlin* in der Cala Es Jondal lockt mit gutem Essen und chilliger Stimmung *(www.bluemarlinibiza.com, Foto)*. Weiteres Highlight ist das Strandrestaurant *PK2* in der Bucht S'Estanyol. Hier stehen schon mal Top-DJs wie Sven Väth oder David Moreno an den Turntables *(Passeig Juan Carles I I, www.pk2ibiza.com)*.

►► PADDLE SURF

Mit Brett und Paddel aufs Meer

Offensichtlich hat sich der Erfinder von Paddle Surf oder Stand Up Puddle Surf nicht zwischen Surfen und Kanufahren entscheiden können, und so wird jetzt einfach beides gleichzeitig gemacht. Auf einem Surfbrett stehend, das etwas größer ist als ein normales, und mit einem Paddel bewaffnet, geht's raus aufs offene Meer. Die Bedingungen für diese neue Sportart sind auf Ibiza ideal. Kurse für Anfänger bieten *Ibiza SUP Stand Up Paddle Camp (Ibiza Sunset Point Apartments, C/. Cantabria, 48, Sant Antoni, www.nomadsurfers.com)* und *Ibiza Multisport* an *(C/. València, 7, Sant Antoni, www.ibizamultisport.com)*. Die passende Ausrüstung gibt's beim Surf Shop *Surf Corner (C/. Pais Valenciá, Eivissa)*.

►► MODERNE KUNST

Ibizas Künstler bekennen Farbe

Malerische Buchten, steinige Klippen, üppig silbriggrüne Olivenhaine und das türkisblaue Mittelmeer – Ibiza ist reich an Farben und Natur und bietet Raum für Kreativität. Den nutzt beispielsweise die Malerin Patrizia Pribeti für ihre vielseitigen, farbenfrohen Werke *(www.pribetic.de,* Foto*)*. Und auch ihr Kollege Viktor R. schöpft aus vollen Farbtöpfen *(www.viktor-r. de)*. Er malt Porträts, vor allem aber abstrakte und figurative Bilder in kräftigen Tönen. Zu sehen sind sie u.a. in der *Galeria Can Daifa (Pl. de la Iglesia, Santa Gertrudis)* oder in der *Gallery Q (Ctra. Sant Miquel, km 0,5, www.galleryqibiza.com)*. Zum kreativen Austausch treffen sich die Künstler des *Art Club Ibiza* in den Sommermonaten in *Bartolos Café* (mittwochs ab 20 Uhr) am Strand von Cala Nova. Außerdem organisiert der Club alljährlich die *Ruta del Arte,* bei der mehr als 80 Künstler der Insel dazu einladen, ihre Ateliers zu besichtigen *(www.art-club-ibiza.com)*.

> SCHNEEWEISSE HÄUSER,
FOLKLORE UND BUNTE VOGELWELT
Das Leben auf Ibiza und Formentera ist vielseitig;
lassen Sie sich überraschen!

ARCHITEKTUR

Aus der Ferne wirken manche Dörfer wie Schachtelwerke aus weißen Kuben – die würfelförmigen Bauelemente scheinen wie miteinander verwachsen. Andernorts vermitteln einsame Bauernhäuser den Eindruck von kleinen Bastionen, stoßen Fremdlinge regelrecht ab. All das ist kein Zufall, sondern typisch für die ländliche Architektur, die sich an historische Einflüsse aus der maurischen Welt und des östlichen Mittelmeerraums anlehnt. Das über zahlreiche Menschenzeitalter gepflegte Konzept beim Hausbau basierte weniger auf ästhetischen Vorlieben denn auf nüchterner Zweckmäßigkeit. Stets hatte man die klimatischen Gegebenheiten vor Augen. Dicke Mauern und kleine Fenster halten Hitze und Kälte zurück, das Kalkweiß reflektiert die Sonnenstrahlen. Über das von innen

Bild: Kirche von Sant Miquel de Balansat

STICH
WORTE

mit wuchtigen Balken gestützte Dach kann das Regenwasser direkt in die Zisterne ablaufen. Und um den Eintritt kühlerer Nordwinde zu vermeiden, legte man die Haupteingangstür an die Südseite. Einblicke in traditionelle Baustrukturen erhalten Reisende von heute in restaurierten Landhäusern, die zu Hotels umfunktioniert wurden. Nicht ganz stilecht allerdings: Bad mit Dusche gab es in früheren Zeiten nicht!

FAUNA

Weit gefehlt, wer auf den Inseln einzig schräge Vögel vermutet. Inmitten einer reichen Vogelwelt halten Ornithologen Ausschau nach dem seltenen Fischadler und der zur Familie der Kormorane gehörenden Krähenscharbe, die es auf eine Größe von 75 cm bringt und an ihrem hakenförmigen Schnabel erkennbar ist. Die Krähenscharbe lebt ebenso an den

Felsenküsten wie die Weißkopfmöwe, die Korallenmöwe und der Gelbschnabel-Sturmtaucher. Gelegentlich taucht der Eleonorenfalke auf, ein kleiner Raubvogel, der sich im Spätherbst in die afrikanischen Winterquartiere aufmacht und im Frühling zurückkehrt. Wer Glück hat, bekommt in den Salinen Flamingos vors Fernglas oder das Objektiv. Darüber hinaus findet man diverse Eulen- und Reiherarten, während sich die restliche Tierwelt nicht so spektakulär ausnimmt. Allgegenwärtig sind Eidechsen, teils grün, teils bläulich schimmernd, ob an den Felsenküsten oder den Stadtmauern von Dalt Vila.

FLORA

Knorrige Oliven-, Orangen-, Zitronen-, Feigen-, Johannisbrot- und Mandelbäume versprühen mediterrane Exotik. Neuerdings sieht man sogar Avocadobäume. Charakteristisch ist die Aleppokiefer mit ihrer schirmartigen Krone sowie der oftmals verkrüppelt wirkende Phönizische Wacholder. Hinzu gesellen sich Zwergpalmen, Mastixsträucher, Bougainvilleen, Zistrosen, Oleander und ibizenkischer Ginster. Außerdem sind über 20 verschiedene Orchideengewächse dokumentiert, in den Salinen kommen Binsen vor. Wer durch die Natur streift, wird sich an der Vielfalt kaum sattsehen und -riechen können, denn Rosmarin, Thymian, Lavendel verbreiten überall würzigen Duft.

FOLKLORE

Ohne einen Gedanken an touristische Showeffekte zu verschwenden, pflegen die Insulaner ihre Folklore und haben sich mancherorts in Volkstanzgruppen *(colles de ball pagès)* zusammengeschlossen. Die vier wichtigen Tänze heißen La Llarga, La Curta, Les Nou Rodades und La Filera. Während sich die Frau mit sanften Bewegungen eher zurückhält, vollführt der Mann um sie herum regelrechte Sprünge. Für den musikalischen Rahmen sorgen Flöten, Trommeln und große Kastagnetten. Bei den Trachten sind orientalische Einflüsse unverkennbar, die Frau legt an hohen Festtagen traditionsgemäß ihre wertvolle Gold- und Korallenkette an, die *emprendada*. Die Männer kommen schlichter daher: Weiße Hosen, rote Schärpen, rote Mützen sowie einfaches Schuhwerk aus Hanf und Segeltuch *(espardenya)* zählen zu ihrer typischen Festtracht.

KATALANISCH

Der 8. August des Jahres 1235 war von entscheidender Tragweite und markiert im Rückblick den wichtigsten Tag der Lokalgeschichte. Damals stürmten die Katalanen auf Geheiß ihres expansionsfreudigen Königs Jaume I. die Insel Ibiza und drückten den Pityusen fortan mit Kultur und Sprache ihren Stempel auf. Erhalten hat sich bis heute das Katalanische *(català)*, das hier in einer für Außenstehende kaum wahrnehmbaren Dialektvariante gesprochen wird und nicht zuletzt als Ausdruck regionalen Selbstbewusstseins gilt. Katalonien steht den Bewohnern Ibizas und Formenteras halt näher als das stets mit Gedanken an Zentralgewalt verknüpfte spanische Kernland mit seinem behördlichen Wasserkopf Madrid. Die auf den Inseln verbreitete Zweisprachigkeit ist für Auswärtige mitunter schwer nachvollziehbar. Jeder Einheimische spricht im Regelfall Spanisch *(castellano)*, aber nicht immer *català*. Manche Gemeinden bieten Katalanisch-Intensivkurse für Erwachsene an. Im Reisealltag sieht

sich wie ein Who-is-who des Showgeschäfts. Was mit Roman Polanski, Ursula Andress und Nina Hagen begann, hat sich bis heute mit Madonna, Elle McPherson, Eros Ramazzotti und Kultregisseur Pedro Almodóvar fortgesetzt. Auch Fußballgötter und Spaniens Royals werden immer wieder gesichtet – Promialarm!

Reizvoll ist eine Landpartie vor allem zur Mandelblüte

man Verkehrsschilder durchweg auf Katalanisch, während sich bei Adressenangaben teils katalanische, teils spanische Ausdrücke finden.

PROMIS

Vor allem im Sommer tummeln sich auf Ibiza Stars und Sternchen aus Film, TV, Showbiz und Mode. Spaniens Gazetten berichten vom bunten Treiben, ob in den Megadiskos oder an der Marina Botafoc in Eivissa. Die Liste bekannter Inselbesucher liest

SALINEN

Die Tradition der Salzgewinnung reicht bis in phönizische Zeiten zurück. Heute gehört die ökologisch wertvolle Landschaft der alten Salinen zusammen mit einigen Dünen und Stränden wie Es Cavallet und Ses Salines zum *Parque Natural de ses Salines d'Eivissa i Formentera*, in dem über 200 Vogel- und rund 180 Pflanzenarten vorkommen. Die jährliche Salzgewinnung schreitet voran und liegt zurzeit bei etwa 35 000 t.

Exportiert wird das Salz u. a. auf die Faröer-Inseln, wo es für die Einsalzung von Fisch dient.

SPORT

Bei der Sportbegeisterung stehen die Insulaner den Festlandsspaniern in

UMWELTSCHUTZ

Groß haben sich die Pityusen das Thema Natur auf die Fahne geschrieben; allein auf Ibiza stehen mehr als 40 Prozent der Fläche unter Schutz. Zwischen dem Süden Ibizas und dem Norden Formenteras breitet sich der

An unruhige Piratenzeiten erinnern Ibizas mächtige Wachtürme, die Torres

nichts nach. Surfen, tauchen, Rad fahren, wandern – alles ist möglich. Auch wenn es auf den Pityusen kein Erstligateam aus überbezahlten Balltretern gibt, bleibt König Fußball Spitzenreiter. Zumindest im Fernsehen. Wenn die Ligamatches samstags und sonntagabends live im TV übertragen werden, trifft man sich gerne in den Kneipen und lässt die Torschreie heraus – aber nicht für Real Madrid! Im katalanischen Sprachgebiet drücken die meisten dem FC Barcelona die Daumen.

Parque Natural de Ses Salines aus, der auf seinen knapp 120 km² Salinen, Strände, Dünen, Klippen und die Meereszonen samt kleineren Eilanden umfasst. Neid erweckend ist die Sauberkeit vieler Strände, von denen etliche mit der „Blauen Flagge" geadelt wurden. Um die Dünen zu schützen, wurden eingezäunte Holzstege angelegt. Gleich daneben mahnen Schilder, die fragilen Ökosysteme nicht zu betreten. Auf den Inseln mangelt es an natürlichen Quellen, zum mediterranen Klima gehören lange Trockenperioden. Wasser ist knapp und kostbar, sodass die Behörden mit Appellen wie „Sparen Sie Wasser im Urlaub!" Feriengäste zu sensibilisieren versuchen.

WACHTÜRME

Klobig und erhaben stehen sie dort, trotzen seit Jahrhunderten Wind und Wetter: die Wachtürme auf den Pityusen, die von einst unruhigen Zeiten künden. Geriet ein Piratenschiff in Sicht, entzündeten die Wächter auf dem Dach ein Warnfeuer. Statt ebenerdiger Türen verfügten die Türme meist über einen Einstieg auf halber Höhe, zugänglich nur über Strickleitern. Heute haben die Rundbauten ihre Funktion eingebüßt, sind nur noch monumentale Zierde in herrlichen Lagen über der Küste. Manche erreicht man nur zu Fuß, betreten oder besteigen darf man sie nicht.

WEINBAU

„Es hatte mich immer gewundert", sagt Juan Bonet Riera, „wie wir auf Ibiza aus so guten Trauben einen solch üblen Wein machen konnten." Anfang der 1990er-Jahre entschloss sich der eigentlich im Tourismus tätige Juan, aus seinem Hobby einen Beruf zu machen und den Weinbau auf eine professionelle Basis zu stellen. Damit leistete er Pionierarbeit. Bei Sant Mateu d'Albarca gründete er die Bodega Sa Cova. Im Landesvergleich ist Ibiza ein Zwerg unter den spanischen Weinproduzenten. Offiziell registriert sind fünf Bodegas, die gesamte Jahresproduktion beläuft sich auf ca. 130000 Liter. Zu den wichtigsten Rebsorten zählen Monastrell, Tempranillo und Merlot. Die Weine tragen die geografische Herkunftbezeichnung *Vino de la tierra Ibiza*.

> DAS KLIMA IM BLICK

Handeln statt reden   atmosfair

Reisen bereichert und verbindet Menschen und Kulturen. Jedoch: Wer reist, erzeugt auch CO_2. Dabei trägt der Flugverkehr mit bis zu 10% zur globalen Erwärmung bei. Wer das Klima schützen will, sollte sich somit nach Möglichkeit für die schonendere Reiseform (wie z.B. die Bahn) entscheiden. Wenn keine Alternative zum Fliegen besteht, so kann man mit *atmosfair* handeln und klimafördernde Projekte unterstützen.

atmosfair ist eine gemeinnützige Klimaschutzorganisation.

Die Idee: Flugpassagiere spenden einen kilometerabhängigen Beitrag für die von ihnen verursachten Emissionen und finanzieren damit Projekte in Entwicklungsländern, die dort helfen, den Ausstoß von Klimagasen zu verringern. Dazu berechnet man mit dem Emissionsrechner auf *www.atmosfair.de*, wie viel CO_2 der Flug produziert und was es kostet, eine vergleichbare Menge Klimagase einzusparen (z.B. Berlin–London–Berlin: ca. 13 Euro). *atmosfair* garantiert, unter der Schirmherrschaft von Klaus Töpfer, die sorgfältige Verwendung Ihres Beitrags. Auch der MairDumont Verlag fliegt mit *atmosfair*.

Unterstützen auch Sie den Klimaschutz: *www.atmosfair.de*

TANZ, MUSIK, PROZESSIONEN

Patronatsfeiern bieten unverfälschte Bilder

> Glaube und Aberglaube gehen Hand in Hand, viele Orte wähnen sich mit ihren Heiligennamen von Antonius (Sant Antoni) bis Franziskus (Sant Francesc) unter einem guten Stern. Klar, dass den Tagen der jeweiligen Schutzpatrone ein besonderer Stellenwert zukommt und die Brauchtumspflege dann auf ihrem Höhepunkt steht – das Volk wird gelegentlich gratis mit Wein und Fettgebäck versorgt. Vor und nach dem eigentlichen Festtag nimmt das bunte Programm oft reichlich Raum ein: mit Umzug *(desfilada)*, Prozession *(processó)*, Tanzball *(ball)*, Sportwettkämpfen, Theater und musikalischen Auftritten.

■ OFFIZIELLE FEIERTAGE ■

1. Jan. Neujahr; **6. Jan.** Hl. Drei Könige; **März/April** Gründonnerstag *(Jueves Santo)*, Karfreitag *(Viernes Santo)*; Ostermontag *(Lunes de Pascua)*; **1. Mai** Tag der Arbeit; **15. Aug.** Mariä Himmelfahrt; **12. Okt.** Tag der Entdeckung Amerikas; **1. Nov.** Allerheiligen; **6. Dez.** Tag der Verfassung; **8. Dez.** Mariä Empfängnis;

25. Dez. Weihnachten; **26. Dez.** Tag des hl. Stephan *(San Esteban)*

■ FESTE UND LOKALE VERANSTALTUNGEN ■

Januar

5. Jan.: bunte Umzüge am Vorabend des *Dreikönigstages* u.a. in Eivissa, Sant Miquel, Sant Antoni und Santa Eulària
In Sant Antoni de Portmany steht der Monat ganz im Zeichen des *Schutzpatrons Antonius:* Musikfestival, ==stimmungsvolle Konzerte== im Festzelt auf dem Passeig de ses Fonts, Theater, am Tag des Heiligen (17. Jan.) Festumzug und Segnung der Haustiere
2. Monatshälfte *Patronatsfest in Santa Agnès de Corona* mit Trachtentänzen und musikalisch begleiteter Bildnisprozession durch den Ort am Tag der hl. Agnes (21. Jan.)

Inside Tipp

Februar

Um den 12. Feb.: *Patronatsfest in Santa Eulària d'es Riu*, Tanz und Musik
★ *Große Karnevalsparade* in Eivissa

TANZ, MUSIK, PROZESSIONEN

Patronatsfeiern bieten unverfälschte Bilder

> Glaube und Aberglaube gehen Hand in Hand, viele Orte wähnen sich mit ihren Heiligennamen von Antonius (Sant Antoni) bis Franziskus (Sant Francesc) unter einem guten Stern. Klar, dass den Tagen der jeweiligen Schutzpatrone ein besonderer Stellenwert zukommt und die Brauchtumspflege dann auf ihrem Höhepunkt steht – das Volk wird gelegentlich gratis mit Wein und Fettgebäck versorgt. Vor und nach dem eigentlichen Festtag nimmt das bunte Programm oft reichlich Raum ein: mit Umzug *(desfilada)*, Prozession *(processó)*, Tanzball *(ball)*, Sportwettkämpfen, Theater und musikalischen Auftritten.

■ OFFIZIELLE FEIERTAGE ■

1. Jan. Neujahr; **6. Jan.** Hl. Drei Könige; **März/April** Gründonnerstag *(Jueves Santo)*, Karfreitag *(Viernes Santo)*; Ostermontag *(Lunes de Pascua)*; **1. Mai** Tag der Arbeit; **15. Aug.** Mariä Himmelfahrt; **12. Okt.** Tag der Entdeckung Amerikas; **1. Nov.** Allerheiligen; **6. Dez.** Tag der Verfassung; **8. Dez.** Mariä Empfängnis;

25. Dez. Weihnachten; **26. Dez.** Tag des hl. Stephan *(San Esteban)*

■ FESTE UND LOKALE VERANSTALTUNGEN ■

Januar

5. Jan.: bunte Umzüge am Vorabend des *Dreikönigstages* u.a. in Eivissa, Sant Miquel, Sant Antoni und Santa Eulària
In Sant Antoni de Portmany steht der Monat ganz im Zeichen des *Schutzpatrons Antonius:* Musikfestival, ==stimmungsvolle Konzerte== im Festzelt auf dem Passeig de ses Fonts, Theater, am Tag des Heiligen (17. Jan.) Festumzug und Segnung der Haustiere
2. Monatshälfte *Patronatsfest in Santa Agnès de Corona* mit Trachtentänzen und musikalisch begleiteter Bildnisprozession durch den Ort am Tag der hl. Agnes (21. Jan.)

Inside Tipp

Februar

Um den 12. Feb.: *Patronatsfest in Santa Eulària d'es Riu,* Tanz und Musik
★ *Große Karnevalsparade* in Eivissa

Aktuelle Events weltweit auf www.marcopolo.de/events

lange Trockenperioden. Wasser ist knapp und kostbar, sodass die Behörden mit Appellen wie „Sparen Sie Wasser im Urlaub!" Feriengäste zu sensibilisieren versuchen.

WACHTÜRME

Klobig und erhaben stehen sie dort, trotzen seit Jahrhunderten Wind und Wetter: die Wachtürme auf den Pityusen, die von einst unruhigen Zeiten künden. Geriet ein Piratenschiff in Sicht, entzündeten die Wächter auf dem Dach ein Warnfeuer. Statt ebenerdiger Türen verfügten die Türme meist über einen Einstieg auf halber Höhe, zugänglich nur über Strickleitern. Heute haben die Rundbauten ihre Funktion eingebüßt, sind nur noch monumentale Zierde in herrlichen Lagen über der Küste. Manche erreicht man nur zu Fuß, betreten oder besteigen darf man sie nicht.

WEINBAU

„Es hatte mich immer gewundert", sagt Juan Bonet Riera, „wie wir auf Ibiza aus so guten Trauben einen solch üblen Wein machen konnten." Anfang der 1990er-Jahre entschloss sich der eigentlich im Tourismus tätige Juan, aus seinem Hobby einen Beruf zu machen und den Weinbau auf eine professionelle Basis zu stellen. Damit leistete er Pionierarbeit. Bei Sant Mateu d'Albarca gründete er die Bodega Sa Cova. Im Landesvergleich ist Ibiza ein Zwerg unter den spanischen Weinproduzenten. Offiziell registriert sind fünf Bodegas, die gesamte Jahresproduktion beläuft sich auf ca. 130000 Liter. Zu den wichtigsten Rebsorten zählen Monastrell, Tempranillo und Merlot. Die Weine tragen die geografische Herkunftbezeichnung *Vino de la tierra Ibiza*.

> DAS KLIMA IM BLICK
Handeln statt reden

Reisen bereichert und verbindet Menschen und Kulturen. Jedoch: Wer reist, erzeugt auch CO_2. Dabei trägt der Flugverkehr mit bis zu 10% zur globalen Erwärmung bei. Wer das Klima schützen will, sollte sich somit nach Möglichkeit für die schonendere Reiseform (wie z.B. die Bahn) entscheiden. Wenn keine Alternative zum Fliegen besteht, so kann man mit *atmosfair* handeln und klimafördernde Projekte unterstützen.

atmosfair ist eine gemeinnützige Klimaschutzorganisation.

Die Idee: Flugpassagiere spenden einen kilometerabhängigen Beitrag für die von ihnen verursachten Emissionen und finanzieren damit Projekte in Entwicklungsländern, die dort helfen, den Ausstoß von Klimagasen zu verringern. Dazu berechnet man mit dem Emissionsrechner auf *www.atmosfair.de*, wie viel CO_2 der Flug produziert und was es kostet, eine vergleichbare Menge Klimagase einzusparen (z.B. Berlin–London–Berlin: ca. 13 Euro). *atmosfair* garantiert, unter der Schirmherrschaft von Klaus Töpfer, die sorgfältige Verwendung Ihres Beitrags. Auch der MairDumont Verlag fliegt mit *atmosfair*.

Unterstützen auch Sie den Klimaschutz: *www.atmosfair.de*

> EVENTS
FESTE & MEHR

März

Um den 19. März: *Fiesta des Schutzpatrons in Sant Josep de sa Talaia*

März/April

Karwoche (Semana Santa) mit Büßerumzügen der Bruderschaften; <mark>besonders lohnend in Eivissa</mark> (Karfreitag in Dalt Vila)
Um den 23. April: *Patronatsfest in Sant Jordi de ses Salines*; mit Musik und Tanz

Insider Tipp

Mai

⭐ *Mittelalterfest (Feria Medieval)* in Dalt Vila im Gedenken an die Ernennung der Altstadt Eivissas zum Weltkulturerbe; mit Gauklern, Tänzen und Verkaufsständen (meist am 2. Mai-Wochenende)
Festival Internacional Mare Nostrum, internationales Folklorefest beider Inseln an jährlich wechselnden Schauplätzen, meist am letzten Mai–Wochenende

Juni

⭐ *Semana de la Moda*, Modewoche in Eivissa, Präsentation der neuesten Adlib-Kreationen (mitunter auch im Juli)

24. Juni: *Patronatsfest des hl. Johannes in Sant Joan de Labritja*, am Vorabend vielerorts Johannisfeuer, auch Feuerwerk und Livemusik

Juli

Um den 8./9. Juli: *Patronatsfest* in Es Canar

August

Am Monatsanfang: doppeltes Patronatsfest in Eivissa *(Festes de la Terra)* zu Ehren der *Mare de Deu de la Neu* (5. Aug.) und des *Sant Ciriac* (8. Aug., Tag der katalanischen Conquista Ibizas)

September

Internationales Jazzfestival in Eivissa
Um den 29. Sept.: *Volksfest in Sant Miquel de Balansat*

November

Mitte des Monats: *Patronatsfest in Santa Gertrudis de Fruitera*

> MEERESGETIER, FLEISCHESLUST UND KRÄUTERLIKÖR

Auf den Inseln können Sie Fisch bis zum Abwinken kosten oder sich den Freuden einer deftigen Landküche hingeben

> Das Meer macht Appetit, auf den Speisekarten der Restaurants schwimmt eine riesige Vielfalt an Seegetier obenauf. Wer sein kulinarisches Herz an Fisch verloren hat, sich aber nicht an einen Katzenhai mit Zwiebelgemüse *(gató amb ceba)* herantraut, ordert am besten eine gemischte Fisch- oder Meeresfrüchteplatte.

Feinschmecker rühmen den getrockneten Fisch, den man mitunter in dünne Streifen schneidet, um damit Salate anzureichern – was jedoch Geschmackssache ist. Gerne kombiniert man Fisch und Krustentiere mit Reis, einem wichtigen Bestandteil der Mittelmeerküche – ob bei der Paella oder dem Reis nach Fischerart *(arròs de pescador)*. Gerne auch wird Reis mit Fleisch *(arròs amb carn)* oder mit Kürbis *(amb carabassa)* zu schmackhaften Gerichten zusammengestellt. Ein Nachtisch-Klassiker ist Milchreis *(arròs amb llet)*. Wer Lust auf Fleisch verspürt, bekommt in erster

Bild: Straßenrestaurants in Eivissa

ESSEN & TRINKEN

Linie Schaf- bzw. Lammfleisch. Huhn, Lamm- und Schweinefleisch bilden die Grundlage für den deftigen Bauerneintopf *sofrit pagès* mit Kartoffeln, Blutwurst *(butifarra)* sowie Schweins- und Paprikawurst *(sobrasada)*, die für einen länger anhaltenden Beigeschmack im Mund bürgt.

Zur Grundlage der gesunden und ausgewogenen Mittelmeerküche zählen Knoblauch und Olivenöl, die sich in der beliebten Soße *allioli* vereinen.

Zu Fisch- und Fleischgerichten reicht man gerne eine Soße bzw. Paste *(picada)* auf Öl-, Knoblauch- und Kräuterbasis, je nach Hausrezept mit Mandeln, Wein oder Petersilie zubereitet. Bei den Speisezutaten schwören die Insulaner auf vielerlei Gewürze, Blüten, Blätter und Beeren: ob Lorbeer oder Paprika, Rosmarin oder Safran, Oregano oder Majoran.

Unter Spaniern spielt das Frühstück keine große Rolle und be-

schränkt sich auf Kaffee und Crois-
sant. Ordentliche Hotels haben sich
aber auf den Morgenappetit ihrer
mitteleuropäischen Klientel eingestellt. Im Gegensatz zum klassischen
Milchkaffee *(café con leche)*, dem
kleinen Kaffee mit einem Schuss
Milch *(cortado)* und dem Espresso
(café solo) führt der Tee *(te)* ein
Schattendasein und wird meist als
liebloser Beutelaufguss serviert.

Für Spanier schlagen mittags und
abends die eigentlichen Speisestun-
den, bei denen man weder mit Geld
geizt noch auf die Uhr schaut. Traditionell nehmen sich die Einheimischen ausgiebig Zeit zum Essen und
begreifen dies nicht als bloße Nah-
rungsaufnahme. Unter Einfluss eines
guten Tropfens wächst ein Ge-
sprächsforum heran, das sich durchaus ein paar Stündchen hinziehen

> SPEZIALITÄTEN

Genießen Sie die typische Inselküche!

arròs sec – Reisgericht, das der Paella
entspricht und in das Fisch und Meeres-
früchte ebenso gehören wie Paprika,
Kaninchen- und Hühnerfleisch

borrida de rajada – Ragout aus ge-
kochtem Rochen, dazu eine würzige
Soße *(picada)*

bunyols – Fettgebäck, wird gerne bei
Volksfesten gegessen

calamars a la bruta – Tintenfische,
gekocht in der eigenen Tinte

coca – eine Art salziger Kuchen mit
Belag; beliebt sind die Varianten mit
Paprikaschoten *(coca amb pebreres)*

oder mit Zwiebeln und Tomaten *(coca
amb ceba i tomata)*

empanades – Teigtaschen, wahlweise
gefüllt mit Fisch *(de peix)*, Fleisch *(de
carn)* oder Gemüse *(de verdura)*

enciam amb peix sec – Salat mit
getrocknetem Fisch, in den gekochte
Kartoffeln und geröstete Paprikaschoten
gehören; populär auf Formentera

ensaimada – zum Frühstück beliebtes,
trockenes Hefeteiggebäck in Schne-
ckenform, mit Puderzucker bestreut

flaó – eine Art Käsekuchen, verfeinert
mit Minze und Anislikör

greixonera – Dessert aus in Milch ein-
geweichten Ensaimada- oder Brotstü-
cken, die in Eiermasse gebacken werden

guisat de peix – Fischtopf mit Kartoffeln und Paprika

hierbas – der Name an sich bedeutet
„Kräuter" und steht hier für den typischen süßen Kräuterlikör der Inseln

macarrons de Sant Joan – Makka-
roni, in Milch mit Zucker und Zimt
gekocht; Nachspeise

pebreres farcides – mit Fisch gefüllte
Paprikaschoten

sofrit pagès – gut gewürzter Eintopf
mit Wurst, Kartoffeln, Fleisch (Lamm,
Schwein, Huhn)

**Köstlichkeiten in urigem Gemäuer:
Sa Capella de Can Basora in Sant Antoni**

kann. Mittags beginnt man zwischen 13.30 und 14.30 Uhr mit dem Tafeln, abends selten vor 21 Uhr. In erstklassigen Restaurants empfiehlt sich vor allem während der sommerlichen Hochsaison eine frühzeitige Reservierung. Bei einem mehrgängigen Degustationsmenü *(menú de degustación)* zeigt der Küchenchef gerne, was in ihm steckt. In Restaurants gibt es einige stille Spielregeln. So gilt: Setzen Sie sich niemals unaufgefordert zu Spaniern an den Tisch; der Brauch ist unbekannt und würde Befremden auslösen. Auch wird nicht gerne gesehen, wenn jeder extra bezahlt. In spanischen Grüppchen wirft man zusammen und splittet die Kosten zu gleichen Teilen auf.

Unter Mittag- und Abendessen verstehen die Einheimischen im Regelfall ein dreigängiges Menü aus Vorspeise, Hauptgericht und Dessert. Hier wählt man aus einem vorgegebenen Menüangebot aus oder bestellt à la carte. Aber natürlich sind die drei Gänge kein Zwang! Für den kleinen Hunger zwischendurch eignen sich Appetithäppchen *(tapas)*. Wochentags zur Mittagszeit ist man mit einem preisgünstigen Tagesmenü *(menú del día)* gut beraten, wobei sich Erlebnishungrige nicht vor authentischen Restaurants der *locals* scheuen sollten – diese liegen allerdings nicht an vorderster Hafenfront, sondern eher versteckt in Hintergassen. Hier ist das Menü des Tages draußen an der Kreidetafel notiert, hier bekommt man noch etwas fürs Geld. Der Preis liegt günstigstenfalls bei rund 8 Euro und beinhaltet Brot und Wein; ein Gedeck schlägt in diesem Fall nicht extra zu Buche, die Mehrwertsteuer

(IVA) ist meist enthalten. Luxus dürfen Sie aber nicht erwarten: Die Sets sind aus Papier, im Hintergrund dröhnt der Fernseher. Auf den Tisch kommt meist eine Karaffe mit kühlem Leitungswasser, das durchaus trinkbar ist. Ansonsten bestellt man Mineralwasser *(agua mineral)*, ob mit Kohlensäure *(con gas)* oder ohne *(sin gas)*.

Auf alkoholischem Gebiet pendelt die Auswahl zwischen einem einfachen Hauswein, den Tropfen aus ibizenkischen Bodegas und importierten Spitzenprodukten aus Navarra oder La Rioja. In erster Linie sind Rotweine verbreitet, doch es gibt auch gute Rosés und Weiße. Nach dem Essen sollten Sie unbedingt den Kräuterlikör *hierbas* probieren. Äußerst magenfreundlich ist auch der Thymianlikör *Frigola*.

MODE, MÄRKTE UND WEIN

Schicke Boutiquen, Hippiemärkte – zwischen Kunst und Kitsch
finden Sie eine breite Auswahl für jeden Geschmack

> Ibiza ist für die ausgefallenen Kreationen der Adlib-Mode bekannt, inselweit große Zugkraft genießen die Hippiemärkte. Die Geschäfte öffnen meist Mo bis Sa 9.30–13.30 und 16.30/17–20 Uhr. Da es kein Ladenschlussgesetz gibt, schließen die Shops in der Hochsaison mitunter später und haben in touristischen Zentren auch sonntags geöffnet.

■ HIPPIEMÄRKTE ■

Als bunte Treffs mit Entertainment-Faktor sind die von Frühling bis Herbst regelmäßig abgehaltenen Hippiemärkte fast schon legendär, obwohl heute neben den letzten Althippies und ein paar schrägen Freaks auch ganz normale, professionelle Marktbeschicker mit Massenware vertreten sind. Einen besonderen Bekanntheitsgrad genießt der Mittwochsmarkt von Es Canar in Punta Arabí. Die Auswahl an den Ständen umfasst alles Lebensnötige und -unnötige wie Armbänder, Ohrringe, Buttons, Blusen, Kleider, Taschen, gebrauchte Bücher, Sandalen, T-Shirts, Skulpturen, Lederartikel, Seife,

Kerzen, Aromen – Kitsch und Nippes inklusive. Das ganz Jahr über (samstags) findet der Hippiemarkt beim Restaurant Las Dalias am Ortseingang von Sant Carles statt. Am besten, Sie besorgen sich bei den Fremdenverkehrsämtern die aktuellen Termine und Standorte der Märkte. Internet: *www.megustaibiza.com*

■ KULINARISCHES ■

Auf den Wochenmärkten können Sie sich gut mit typischen Produkten eindecken, ob für den Direktverzehr oder zum Mitnehmen: Oliven, Feigen, Orangen, Mandarinen, Schafskäse, luftgetrockneter Schinken *(jamón serrano)* oder Blutwurst *(butifarra)*. Die rötliche Schweins- und Paprikawurst *(sobrasada)* ist je nach Produkt auch als Brotaufstrich geeignet.

■ KUNSTHANDWERK ■

Authentisches Handwerk pflegen die letzten verbliebenen Keramikmeister von Sant Rafel, einem Örtchen auf halbem Weg zwischen Eivissa und Sant Antoni. Zur Auswahl stehen Henkelkrüge und

> EINKAUFEN

Vasen, Schmuckteller, Amulette Kacheln und Schälchen. Mitunter haben Vorbilder aus punischen Zeiten Pate gestanden, doch ebenso häufig bricht die eigene Experimentierkunst in Form von blauer oder schwarzer oder glänzend reflektierender Keramik durch. Bedenken Sie beim Kauf stets, dass die Tonwaren den Transport nach Hause unbeschadet überstehen müssen!

■ MODE ■

„Adlib" heißt das Zauberwort, das die Modebranche seit Flower-Power-Zeiten bestimmt. Erwachsen aus der Hippiekultur, folgten lokale Designer dem Leitsatz „Kleidet euch, wie es euch gefällt", aber mit Geschmack! Die unkonventionelle Kleidung der Hippies bot den Modeschöpfern eine Quelle der Inspiration, aus der sie mit viel Phantasie einen gesellschaftsfähigen Stil für die moderne Frau entwickelten: freizügig, extravagant, körperbetont, sinnlich. Traditionell gibt Weiß den Farbton an, doch es geht auch farbig frisch. Die Kleider, Blusen und Kostüme finden reißenden Absatz bei denen, die genug Kleingeld haben, denn die wahre Adlib-Mode ist keine Massenware, sondern kommt zu stolzen Preisen in Boutiquen daher. Eine breite Auswahl bietet die Hauptstadt Eivissa.

■ SPIRITUOSEN & WEIN ■

Der Kräuterlikör *(hierbas)* wird in diversen Flaschengrößen und mit dekorativen Kräuterzweigen in der gelblich-süßen Flüssigkeit verkauft. Einen guten Ruf genießen die Produkte der 1880 gegründeten Destillerie Marí Mayans *(www.mari mayans.com)*, die für ihren preisgekrönten Likör *Hierbas Ibicencas* nicht weniger als 18 verschiedene Pflanzenextrakte verwendet. Ob Rosmarin, Anis, Wacholder, Thymian oder Minze – die genaue Mixtur ist Betriebsgeheimnis! Auf jeden Fall fördert das Getränk die Verdauung, verfügt über universelle Heilkräfte und ist gut gegen Rheuma und Atemwegsleiden. Zu empfehlen sind auch die ibizenkischen Weine, die Sie in den Bodegas direkt beim Erzeuger kaufen.

> LEBENSLUST VOR WUCHTIGEN MAUERN

Jubel, Trubel, lange Nächte – im Sommer nähert sich Eivissas
Betriebstemperatur dem Siedepunkt

> Schrill, schriller, Eivissa. In der Hoch-
saison platzt Ibizas Hauptstadt aus allen
Nähten, avanciert zur Inselmetropole des
Dauerkarnevals. In der Sommerglut strömen hier die heißesten Ladies und die
coolsten Typen zusammen.

Schön, dass der Rahmen dazu passt
und sich alles andere als steril ausnimmt: Altstadtmauern, Promenaden
und Meer drücken dem Ganzen gleich
mehrere i-Tüpfelchen auf. Am Hafenbecken riecht es nach Öl und weiter

Welt. Hier laufen Fähren und Contai-
nerschiffe ein, Motorboote und Segel-
yachten steuern ihre Liegeplätze an.
In der historischen Oberstadt Dalt
Vila geht es bis zur Kathedrale steil
bergauf – ein atemschweres Opfer für
alle Hügelbezwinger, die mit grandio-
sen Ausblicken belohnt werden. Nur
eines bietet Eivissa nicht: Strände.
Doch die Wege auf der Insel sind
nicht weit, und die ersten sandigen
Weiten beginnen gleich am Stadtrand.

Bild: Hausfassaden am Passeig de Vara de Rey

EIVISSA
IBIZA-STADT

So wie die Platja de Talamanca, die Platja de ses Figueretes und vor allem die Platja d'en Bossa, wo sich die meisten Hotels konzentrieren.

EIVISSA

 KARTE IN DER HINTEREN UMSCHLAGKLAPPE

[120 B–C6] Einst fürchtete sich Eivissa vor osmanischen Feinden und verschanzte sich hinter gigantischen Mauern, heute bläst die Fungemeinde zum Sturm auf die Stadt (50000 Ew.) – und wird mit offenen Armen empfangen. Im Sommer tummelt sich im weiten Dunstkreis des Hafens ein buntes, internationales Völkchen, das bereit ist, sich auf jedwede Art zu amüsieren. Fast jeder bringt ein gerüttelt Maß an Vergnügungs- und Flirtbereitschaft mit, und auf der Suche nach wildem Nightlife und amourösen Urlaubsabenteuern wird kaum jemand enttäuscht. Erlaubt ist, was Spaß bringt – in phantasievollen, schrillen Kostümen, in knappen Stoffen oder gleich transparent. Straßen und Plätze verwandeln sich in Laufstege für Selbstdarsteller. Selig vereint feiern Hippies und Freaks, Schwule und Heteros bis zum Ende der konditionellen Fahnenstange – oder dem Beginn der Sperrstunde.

rühmt sich, eine der ältesten Städte Europas zu sein. Die phönizisch-punische Nekropole am „Mühlenhügel" *Puig des Molins* gehört ebenso zum Unesco-Welterbe wie *Dalt Vila* selbst, wo sich die mächtigen Mauern seit maurischen Zeiten aufwerfen und auf Befehl Philipps II. im 16. Jh. erneuert wurden.

Im Hafenviertel La Marina herrscht im Sommer abends dichtes Gedränge

Mit der umstrittenen Einführung der frühmorgendlichen Schließzeiten von Bars (3 Uhr) und Diskos (6 Uhr) haben die Behörden erheblich auf die Spaßbremse getreten und ein deutliches Zeichen gegen ein zügelloses Nightlife und gesetzesfreie Räume gesetzt.

Historisch fährt Eivissa schweres Geschütz auf – nicht nur auf den Kanonenplateaus von Dalt Vila. Man

In Ibizas Hauptstadt fällt die Orientierung leicht. Als Anhaltspunkte dienen das Hafenbecken und die vom Kathedralturm gekrönte Oberstadt Dalt Vila; im Zentrum markiert die Promenade Passeig de Vara de Rey den Übergang in die moderneren Zonen. Exklusiv und schick geht es um die Marina Botafoc zu, bodenständiger in den einstigen Fischervierteln Sa Penya und La Marina.

EIVISSA/IBIZA-STADT

SEHENSWERTES

AJUNTAMENT [U D5]

Seit 1838 genießt die Beamtenschaft im Rathaus *(Ajuntament)* eine besondere Arbeitsidylle für den Büroschlaf: Eivissas Verwaltung ist in einem alten Dominikanerkloster untergebracht. Im doppelstöckigen Kreuzgang weisen Schilder zu diversen Ämtern, im Refektorium, dem einstigen Speisesaal, werden die regionalen Belange durchgekaut. Dort nämlich, unter den teilweise erhaltenen Gewölbemalereien und in plüschig rotem Sesselambiente, tagt das Plenum. Im Vorraum des Sitzungssaals streift man an einer Gemäldegalerie mit Köpfen illustrer Persönlichkeiten Eivissas vorbei. Im Sommer dient der ==malerische Kreuzgang immer wieder als Rahmen für Konzerte==.

Die Bogenfront des Rathauses wendet sich der von Palmen gesäumten *Plaça d'Espanya* zu. In Sichtweite liegt die ☀ Mauerpromenade mit herrlichen Ausblicken auf die Hafenzufahrt; auf dem kleinen Vorplatz erinnert eine liegende Figur an Guillem de Montgrí, den Erzbischof von Tarragona, der 1235 entscheidenden Anteil an der katalanischen Eroberung der Insel hatte. *Plaça d'Espanya*

CAPELLA DE SANT CIRIAC [U C5]

Winzige Kapelle in Form eines vergitterten Miniraums in der Altstadt, der an die katalanische Einnahme der Stadt am Tag des hl. Cyriakus, dem 8. August 1235, erinnert. Damals stürmten die christlichen Truppen die maurisch besetzte Stadt – der Legende nach unter tatkräftiger Mithilfe des rachsüchtigen Herrscherbruders. Dem nämlich hatte der lokale Potentat zuvor seine Lieblingsfrau aus dem Harem ausgespannt. *C/. de Sant Ciriac*

MARCO POLO HIGHLIGHTS

★ **Plaça de la Catedral**
Stadt und Hafen liegen Ihnen vor der Kathedrale zu Füßen (Seite 35)

★ **Dalt Vila**
Auf Plätzen und Plattformen spüren Sie der Historie nach und genießen traumhafte Aussichten (Seite 35)

★ **Hafen**
Hier legen Yachten und Fähren an, hier liegen die Ausgehmeilen Sa Penya und Marina Botafoc (Seite 36)

★ **Museu Arqueològic**
Zeitreise durch ein paar tausend Jahre Inselgeschichte (Seite 37)

★ **Pacha**
Für viele der Inbegriff des ibizenkischen Diskogeschehens, fasst bis zu 3000 Leute (Seite 44)

★ **Platja d'es Cavallet**
Dünen, Sand und Felsen an Ibizas erstem Nacktbadestrand (Seite 46)

★ **Platja d'es Codolar**
Beim Falkenkap gelegener Traumspot für den romantischen Sonnenuntergang (Seite 46)

★ **Platja de ses Salines**
Unter Kiefern hindurch an den Sandstrand am Salinen-Naturpark (Seite 46)

CATEDRAL NOSTRA SENYORA DE LAS NEUS [U C5]

Kathedrale mit wehrhaft wirkendem Glockenturm und einer bis ins Mittelalter zurückreichenden Geschichte. Historiker vermuten, dass im Laufe der Zeit an selber Stelle bereits eine phönizische Kultstätte, ein römischer Tempel und eine Moschee der Mauren gestanden haben könnten. Dieses erste religiöse Gebäude, das die Katalanen auf der Insel erbauten, wurde im 14. Jh. in gotischem Stil errichtet und 1715 bis 1727 mit Barockelementen durchsetzt. Im Altarraum verehren die Gläubigen ein Bildnis der „Weißen Jungfrau" oder „Schneejungfrau" *(Nostra Senyora de las Neus)*. Warum der seltsame Name? Er gründet sich auf die Einnahme durch christlich-spanische Truppen im Jahre 1235 und auf den dem Eroberungstag (8. Aug.) am nächsten liegenden Mariengedenktag – das war der Tag der „Schneejungfrau" (5. Aug.), der noch heute feierlich begangen wird. Das Gotteshaus darf nur in angemessener Kleidung betreten werden. Der Kathedrale ist das *Diözesanmuseum (Museu Diocesà | Öffnungszeiten wie die Kathedrale, Zugang nur über deren Innenraum | Eintritt 1 Euro)* angeschlossen, das Objekte sakraler Kunst präsentiert. Der Ausstellungsbereich erstreckt sich über mehrere kleine Räume. Hervorzuheben sind die **Bildtafeln aus dem** *Retablo de las Almas* (16. Jh., mit geflügelten Teufelsfiguren), diverse Heiligenbilder, eine von Francesc Martí gefertigte gotische Monstranz aus vergoldetem Silber sowie typischer ibizenkischer Schmuck aus dem 18./19. Jh.

Inside Tip

Mächtige Bollwerke schützen Eivissas Altstadt

EIVISSA/IBIZA-STADT

Um die hoch in Dalt Vila gelegene ⭐ *Plaça de la Catedral*, den Freiplatz vor der Kathedrale, haben sich seit alters her weitere wichtige Gebäude gruppiert: das Kastell, der Bischofspalast, die Erlöserkapelle sowie die Universität als Sitz der lokalen Regierungsorgane (heute *Museu Arqueològic*). Am ☀ Aussichtspunkt des Platzes schweift der Blick über weite Teile der Stadt und des Hafens. *Plaça de la Catedral | Kathedrale Di–Sa 9.30–13.30 und 17–20 Uhr, Messe So, Fei 10.30 Uhr*

DALT VILA ⭐ [U C–D5]

Eivissas historische Altstadt Dalt Vila wirkt wie ein riesiges Freilichtmuseum und zählt zum Unesco-Welterbe. Hier stimmen die Zutaten über nette Restaurants und Bars hinaus: Kanonenplateaus und Plätze, begehbare Tunnel, Aussichtspromenaden und verschlungene Gassen, wuchtige Türme und Stadtmauern aus mehreren Epochen, holpriges Pflaster, kalkweiße Fassaden mit Blumengehängen und wehender Wäsche, wildes Kabelgewirr, Dachgärten, manch abgerackter Bau – all das gehört zu Dalt Vila wie eine Vielzahl wichtiger Gebäude, darunter das Rathaus und die Kathedrale. Die ringförmig um den Hügel angelegten Mauerverbünde gehen im Wesentlichen auf die zweite Hälfte des 16. Jhs. zurück, begonnen vom Baumeister Giovanni Batista Calvi und fortgesetzt von Jacobo Paleazzo alias Fratín. Immer wieder stoßen Sie beim Rundgang auf hilfreiche Infotafeln.

Dalt Vila ist für den Durchgangsverkehr gesperrt. Der klassische Einstiegspunkt für Zu-Fuß-Entdecker

In der Dalt Vila heißt es Treppen steigen

liegt oberhalb der *Plaça de la Constitució*. Unter dem Wappenschild Philipps II. werden Sie vom *Portal de ses Taules* geschluckt und erreichen bald den ersten stimmungsvollen Platz, auf dem es im Sommer so richtig brodelt: die *Plaça de Vila*. Richtung Rathaus geht es später über die *Plaça des Amparats* hinauf, die davorliegenden ☀ Plattformen geben phantastische Blicke über Stadt und Hafen frei. Auf den höchsten Punkten thronen Kathedrale und Kastell, doch die wollen erst einmal erreicht sein. Unterschätzen Sie weder Höhenunterschied noch Ausdehnung des Viertels! Der südliche Mauerumlauf von Kathedrale und Kastell führt an den Bollwerken *Sant Jordi* und *Sant Jaume* vorbei hinab und erlaubt den Ausblick auf die Küste und ausgesprenkelte Felseninseln; am Wege liegen Reste von Befestigungsmauern aus der Maurenzeit. Die an der Ronda Calvi gelegenen Bollwerke *(Baluards) Sant Jaume* und *Sant Pere* sind als Minimuseen hergerichtet worden *(im Sommer Di–So 10–14 und 17–20, sonst Di–So 10–15 Uhr | Eintritt 2 Euro | s. auch Mit Kindern unterwegs).*

Im Sommer ist Dalt Vila ein brodelnder Kessel, im Winter liegt vieles tot bis mausetot da. Dann schließen die meisten Läden und Bars, dann trägt die Altstadt richtigen Dorfcharakter – bis zur nächsten Saison.

ESGLÉSIA DE SANT DOMÈNEC [U D5]

Um 1580 gelangte der Dominikanerorden auf die Insel, bald darauf setzten die Arbeiten zum Bau des Klosters und der Kirche ein (bis ins 17. Jh.). Im Zuge der Enteignung klerikaler Eigentümer 1835 verließen die Mönche die Anlage in Dalt Vila. Das Kloster wurde zum Rathaus, die kreuzgekrönte Dominikanerkirche hat sich als *Pfarrei San Pedro* erhalten. Im Innern Reste von Deckenfresken, Hauptretabel (17. Jh.) mit Darstellungen des San Vicente Ferrer und des Apostels Jakobus. In einer Kapelle ein sehr schönes Bildnis des gekreuzigten Christus, der *Santo Cristo del Cementerio*. Meerwärts eröffnet ein schöner ☀ Mauerumgang eine tolle Aussicht. *C/. General Balanzat*

HAFEN ★ [U C–F 2–4]

Lebensader, Existenzberechtigung, Auffangbecken für Gott und die Welt – in Evissas Hafen läuft die ganze Palette vom Stapel, herrscht ein ständiges Ein und Aus von Container-

In einigen Gassen des Fischerviertels Sa Penya hat der Alltag noch Platz

und Kreuzfahrtschiffen, Segel- und Fischerbooten, Fähren und flotten Motorflitzern. Im Süden legt der Port seine volle Breitseite an die historischen Fischer- und Seemannsviertel *La Marina* und *Sa Penya* [U C–D4], heute Tummelplätze der sommerlichen Fungemeinde. An der Hauptfährstation *Estació Marítima* laufen die dicken Pötte aus Barcelona und València ein, gleich dahinter erhebt sich das *Monument a los Corsarios*. Das 1906–15 errichtete Korsarenmonument in Form eines Obelisken ruft die „Ruhmestaten" der einheimischen Seebären ins Gedächtnis, die es – wie der berüchtigte Kapitän Antoni Riquer zu Beginn des 19. Jhs. – mit weitaus größeren Schiffen aufnahmen. Ein weiteres Monument im Kreuzungsbereich der Avinguda de Santa Eulària d'es Riu erinnert an die friedlicheren *Gent de la mar*, die „Leute des Meeres".

Der Westen der Hafens bleibt dem Terminal der Formentera-Schiffe, dem Nautikclub, der Fischermole und der Containerverladestation vorbehalten. An der Nordseite reihen sich die ✲ Sporthäfen *Eivissa Nova* und *Marina Botafoc* auf, die es zusammen auf rund tausend Liegeplätze bringen und herrliche Blicke hinüber nach Dalt Vila erlauben.

Die *Marina Botafoc* [U F2–3] gilt als Inbegriff der Exklusivität. In gepflegtgekünsteltem Ambiente bündeln sich Edelboutiquen, Shops von Immobilienmaklern und Bootsvermietern, Bars und Gourmetrestaurants. Hier zeigen sich gerne Stars und Sternchen, hier pflegt man das Sehen-und-Gesehen-Werden, das Riechen-und-Gerochen-Werden – nicht verpassen!

Bootszubringer ab Altstadtseite. Die *Platja de Talamanca* und die legendäre Disko *Pacha* sind nicht weit. Ein lohnender Spaziergang führt von der Marina am Botafoc-Leuchtturm vorbei zur Molenspitze an der Hafeneinfahrt.

MADINA YABISAH (CENTRE D'INTERPRETACIÓ) [U C5]

Dieses kleine Museum nahe der Kathedrale in Dalt Vila informiert über die Ausbreitung und die Errungenschaften der Mauren auf Ibiza. Ein Videofilm ist per Knopfdruck auch auf Deutsch wählbar. *Im Sommer Di–Sa 10–14 und 17–20 sowie So 10–14, sonst Di–Sa 10–15 und So 10–13 Uhr | Eintritt 2 Euro | Carrer Major, 2*

MUSEU ARQUEOLÒGIC ★ [U C–D5]

Punische Amulette und Keramikfiguren, römische Statuen und Amphoren, maurische Münzen – die sorgsam zusammengetragenen Exponate machen mit der Geschichte der Pityusen vertraut. Das Archäologische Museum ist erstaunlich verwinkelt, samt Gangschlauch vorbei an Vitrinen und dem Aufgang zu einem Panoramaplateau im Schatten der Kathedrale. In den Komplex sind die Baustrukturen der Erlöserkapelle (14. Jh.) und der Universitat (bis 1838 Sitz des Rathauses) integriert. *Im Sommer Di–Sa 10–14 und 18–20, So 10–14, sonst Di–Sa 9–15, So 10–14 Uhr | Eintritt 2,40 Euro | Plaça de la Catedral*

MUSEU D'ART CONTEMPORANI [U C4]

Keine ständige Sammlung, sondern interessante wechselnde Ausstellun-

Grabstelle der Nekropolis am
Puig des Molins

gen werden in diesem Museum für zeitgenössische Kunst gezeigt. *Bei Redaktionsschluss wegen Renovierung vorübergehend geschl.* | *Ronda de Narcís Puget, s/n*

NECRÒPOLIS PUIG DES MOLINS [U A5]

Unterhalb des historischen Mühlenhügels *Puig des Molins,* auf dem zwischen dem 15. und dem 20. Jh. mehrere Windmühlen Getreide in Mehl verwandelten, liegen die Reste von Eivissas Nekropolis, jener Totenstadt, die im Altertum zunächst von den Phöniziern (ab 7. Jh. v.Chr.) und später später von den Puniern (ab 5. Jh. v.Chr.) genutzt wurde. Man bestattete die Verblichenen tief im Boden in Felsenschächten und -kammern. Historiker schätzen die gesamte Zahl der Gräber in diesem hangwärts aufsteigenden Areal auf mehrere Tausend. Das größte Teil des Geländes ist für Besucher neuerdings gesperrt. Der Zugang beschränkt sich lediglich auf die „Maultier-Hypogäen", unterirdische Gewölbe, deren Wiederentdeckung auf ein in den Schacht eingebrochenes Maultier zurückgeht. Hier führen steile Stufen abwärts in die Tiefen der Gruft, die sich in mehrere kleine Höhlen verästelt; in einem Sarkophag hat man ein Skelett besonders anschaulich drapiert. Der Zugang zum historischen Friedhofsgelände führt durch das *Museu Puig des Molins,* dessen offizielle Wiedereröffnung seit vielen Jahren auf sich warten lässt. Die bereits zugänglichen Räumlichkeiten dienen als Rahmen für wechselnde Ausstellungen. *Di bis Sa 10–14, 18–20, So 10–14, sonst Di–Sa 9–15, So 10–14 Uhr* | *Via Romana, s/n*

EIVISSA/IBIZA-STADT

PASSEIG DE VARA DE REY [U B–C4]

Eivissas innerstädtische Promenade ist nach einem der berühmtesten Insulaner benannt: nach General Joaquín Vara de Rey, der 1898 beim Unabhängigkeitskampf um die spanische Kolonie Kuba sein Leben ließ. Ihm ist das pompöse Monument in der Mitte gewidmet, Bäume spenden Schatten, viele Fassaden tragen nett aufgemachte Glasvorbauten. Beiderseits des Boulevards konzentriert sich eine beliebte Einkehr- und Einkaufszone mit vielen Cafés, Restaurants, Läden und Boutiquen. Oft geben Märkte und Konzerte mit ihren Bühnen- und Standaufbauten dem Passeig de Vara de Rey ein besonderes Flair. Störend ist allerdings der an den Seiten entlangfließende rege Verkehr.

▮ ESSEN & TRINKEN ▮

CA N'ALFREDO [U B–C4]

Traditionsrestaurant im Herzen der Stadt, das auch von den Einheimischen heiß geliebt wird. Ibizenkische Küche, eine sehr gute Adresse für **Paella und fangfrischen Fisch.** So–Abend und Mo geschl. | Passeig de Vara de Rey, 16 | Tel. 971 31 12 74 | €€ €€€

Insider Tipp

JACKPOT [U E1]

Insider Tipp

Tafelfreuden in Reinkultur, stilvolles Ambiente. Wolfsbarsch und Seeteufel lassen ebenso das Wasser im Mund zusammenlaufen wie Entrecôte und Chateaubriand. Das Restaurant ist entweder von der Promenade oder direkt vom Ibiza Gran Hotel her zugänglich. So geschl. | Passeig de Joan Carles I, 17 | Tel. 971 80 68 06 | €€ €€€

MIRADOR DE DALT VILA [U D5]

Insider Tipp

Die erstklassige Küche hält auch höchsten Ansprüchen stand. Zu den Spezialitäten zählen Wolfsbarsch, Lammkarree und Entenbrustfilet. Das Restaurant ist dem gleichnamigen Hotel angegliedert und verteilt sich über mehrere Sälchen. Aufmerksamer Service. April–Okt. tgl., Nov. bis März geschl. | Plaça d'Espanya, 4 | Tel. 971 30 30 45 | www.hotelmiradoribiza.com | €€€

MONTESOL [U C4]

Kombination aus Café und Restaurant mit überraschend großen Innenräumen. Einfache Mahlzeiten, diverse

▶LOW BUDGET

▶ Samstags von 9 bzw. 10 bis 14 bzw. 15 Uhr (je nach Jahreszeit) wird nahe dem Flughafen ein großer Flohmarkt abgehalten: der *Rastro de Sant Jordi (Ctra. de l'Aeroport | Sant Jordi de ses Salines | Tel. 971 39 66 69)*. Das Angebot reicht von Kleidern und Schuhen bis zu Obst und Gemüse.

▶ Kunst zum Nulltarif im *Museu Puget:* In dem interessanten Kunstmuseum in Dalt Vila sind Gemälde und Aquarelle der ibizenkischen Maler Narcís Puguet Viñas (1874–1960) und Narcís Puguet Riquer (1916–83), Vater und Sohn, zu sehen. Den Rahmen bildet ein altes Adelshaus. *Di–Fr 10–13.30, 17–20 (Okt.–April 16–18), Sa/So 10–13.30 Uhr | C/. Major, 18*

▶ Nach der Ankunft am Flughafen muss man kein teures Taxi besteigen. Die häufig verkehrenden Linienbusse kosten nur 3 Euro nach Eivissa-Stadt.

Tellergerichte *(platos combinados)* zur Auswahl. Ein separater Eingang führt ins Hotel (€€), das in den 1930er-Jahren eröffnet wurde. *Tgl. | Passeig de Vara de Rey, 2 | Tel. 971 31 01 61 |* *www.hotelmontesol. com* | €

PIZZERIA DA FRANCO E ROMANO [U B4]

Insider Tipp

Pizza und Pasta unter Holzbalken oder auf der Empore; hier wird , solide Kost zu soliden Preisen geboten. Zentrale Lage in einer ruhigen Straße. Auch in der Nebensaison meist gut besucht. *Di geschl. | Av. Bartomeu Vicent Ramón, 15 | Tel. 971 31 32 53* | €

PORTO SALÉ [U C4]

Das einfache Restaurant liegt in einer verkehrsbefreiten Seitengasse; große Auswahl an Tellergerichten, Tapas und Portionen. *Im Sommer tgl., sonst So geschl. | C/. Castelar, 5 | Tel. 971 31 11 16* | €

SAN JUAN [U C4]

Insider Tipp

Gut und günstig. Dieses kleine Traditionsrestaurant überzeugt durch Geschmack und Preisniveau. Einfache Einrichtung. *So geschl. | C/. Montgri, 8 | Tel. 971 31 16 03* | €

VINOTECA SA MURADA [U B4]

Die rustikale kleine Vinothek nahe der unteren Stadtmauern ist eine verlässliche Anlaufstelle für guten Wein und leckere Tapas bzw. Portionen. Auch Salate und Käseplatten. *So geschl. | C/. Gaietà Soler, 9 | Tel. 971 30 30 98* | €

■ EINKAUFEN

Shoppingvictims sind in den frequentierten Zonen um den ▶▶ *Passeig de Vara de Rey,* die ▶▶ *Plaça del Parc* und die ▶▶ *Plaça de la Constitució* gut aufgehoben. Hier finden Sie insbesondere Mode und originelle Geschenkartikel. Ebenfalls geschäftig zeigt sich die *Avinguda d'Isidor*

Ibizas Boutiquen präsentieren lässiges Urlaubsoutfit

Macabich, die sich am Parc de la Pau vorbei durch die Neustadt zieht. Nahe der Hafenlinie geht es um die Kirche *Sant Elm* (auch: *San Telmo*), im *Carrer Emili Pou* und insbesondere in dem bis zur Plaça de sa Riba verlaufenden *Carrer d'Enmig* betriebsam zu.

ANISETA [U C3]
Gute Likörauswahl zu vernünftigen Preisen, Insider Tipp Hierbas ibicencas von der Kleinst- bis zur Großflasche. Nahe dem Fähranleger nach Formentera. *Av. de Santa Eulària d'Es Riu, 19*

CANTONADA [U C4]
Ein echter Klassiker, wenn es um die neuesten Adlib-Modelle geht. *Av. Comte de Rosselló, 10*

CERÁMICAS ES FANG [U D4]
Reiche Auswahl an schöner Keramik, originelle Geschenkideen. *C/. Emili Pou, 3*

CONVENT DE SANT CRISTÒFOL [U C5] Insider Tipp
Klosterverkauf von süßen und salzigen Backwaren, hergestellt von den Augustinerinnen. Eine Treppe führt in den Verkaufsraum. *tgl. 10–15 und 16.30–18.30 Uhr | C/. de Sant Ciriac*

FRÁGIL [U C4]
Tragbare Damenmode: Es dominieren frische Farben und flotte Schnitte. *Passeig de Vara de Rey, Ecke C/. Vicente Cuervo*

LLIBRERIA VARA DEL REY [U B4]
Gut sortierte Buchhandlung, auch mit leichter deutschsprachiger Urlaubskost sowie deutschen Zeitungen und Magazinen im Angebot. *Passeig de Vara de Rey, 24*

LUÍS FERRER [U C4] Insider Tipp
Ein Traum für Adlib-Fans beiderlei Geschlechts, auch Kindermodelle. Gute Auswahl, Leinen- und Baumwollmaterialien; alles wird auf Ibiza gefertigt. *C/. San Telmo, s/n*

MERCAT VELL [U D4]
Der alte Markt ist eine kleine und an den Seiten offene Säulenhalle mit vorwiegend Obst- und Gemüseständen. *Pl. de la Constitució*

S'ESPARDENYA [U C5]
Hier gibt es spanische Sandalen und Sommerschuhe fernab der Massenproduktion. *C/. Ignacio Riquer, 19*

ÜBERNACHTEN

EL CORSARIO [U C5]
Altstadthotel zwischen Rathaus und Kathedrale, vom angeschlossenen Restaurant Blicke über die Ziegeldächer der Altstadt hinweg auf den

Hafen. *14 Zi. | C/. Ponent, 5 | Tel. 971 30 12 48 | Fax 971 39 19 53 | www.ibiza-hotels.com/corsario | €€*

IBIZA GRAN HOTEL 🔊 [U E1]

Durchdesigntes Fünf-Sterne-Haus in strategisch günstiger Lage, konzipiert als regelrechte Insel zwischen Altstadt und Marina Botafoc. Überall öffnen sich überraschende Ecken: ob die Hängematten am Pool, überdachte Sofaecken oder die Badewannen inmitten der Zimmer. Über alle Ebenen verteilen sich Kunstwerke. **Das Frühstücksbüfett ist exzellent,** gut frühstücken kann man auf der Terrasse. Spa-Bereich gegen Gebühr, benutzbar auch für Nichtgäste. *157 Zi. | Passeig de Joan Carles I, 17 | Tel. 971 80 68 06 | Fax 971 80 68 00 | www.ibizagranhotel.com | €€€*

Insider Tipp

LA MARINA [U D4]

Zentrales Hostal, zusammen mit anderen Pensionen wie *Los Caracoles* und *La Ebusitana* unter einer Leitung. Zimmer in unterschiedlichen Preisklassen unterteilt, abhängig von Ausstattung und Aussicht. Während der Hauptsaison Mindestaufenthalt von drei Tagen. *24 Zi. | C/. Barcelona, 7 | Tel. 971 31 01 72 | Fax 971 31 48 94 | www.hostal-lamarina.com | €–€€*

MIRADOR DE DALT VILA 🔊 [U D5]

Dieses von April bis Oktober geöffnete Luxushotel liegt in der Altstadt gleich gegenüber dem Rathaus. Die unterschiedlich gestalteten Zimmer pflegen ihren Stil bis ins letzte Detail – ein Ambiente, das seinen Preis hat. *13 Zi. | Plaça d'Espanya, 4 | Tel. 971 30 30 45 | Fax 971 30 16 36 | www.hotelmiradoribiza.com | €€€*

PARQUE [U C4]

Der Hostalblock liegt mittendrin im Geschehen und hat die Altstadt und die Ausgehzonen direkt vor der Haustür. Die drei größeren und teureren Dachzimmer *(áticos)* verfügen jeweils über eine Terrasse. Im unteren Bereich beliebtes Terrassencafé. In der Nebensaison sinken die Zimmerpreise fast auf die Hälfte *34 Zi. | Pl. del Parc | Tel. 971 30 13 58 | Fax 971 39 90 95 | www.hostalparque.com | €€*

■ FREIZEIT & SPORT

Im Hafen starten ganzjährig Linienboote nach *Formentera*; die häufigen Hin- und Rückfahrverbindungen (pro Strecke dauert die Überfahrt je nach Schiffstyp 25–35 Min.) erlauben problemlos einen Tagesausflug auf die Nachbarinsel. An der Hafenausfahrt Eivissas bekommen Sie während der Fahrt einen vorzüglichen **Ausblick auf das uneinnehmbar scheinende Mauergeflecht von Dalt Vila!** Im Hafen legen während der Saison auch Zubringerboote zu den Stränden *Platja de Talamanca* und *Platja d'en Bossa* ab sowie hinüber zur *Marina Botafoc* sowie nach *Santa Eulària d'es Riu*.

Insider Tipp

■ AM ABEND

Im Sommer glüht Eivissa nach Einbruch der Dunkelheit weiter. Mitternacht halten viele genau für die richtige Zeit, um sich ins Nachtleben zu stürzen – doch dann bleiben, im Vergleich zu früher, nur noch wenige Stunden. Potenziellen Durchmachern haben die Behörden mit ihren offiziell verhängten Schließzeiten (um 3 Uhr die Bars, um 6 Uhr die Diskos) einen

EIVISSA/IBIZA-STADT

Riegel vorgeschoben, was im deutschen Blätterwald schon für Schlagzeilen wie „Die Party ist aus" gesorgt hat. Nun, ganz so schlimm ist es nicht. Es ist noch genügend los!

Wer in den Bereich um die lang gestreckte Gassenschneise des ▶▶ *Carrer de la Mare de Déu* (auch: *Calle de la Virgen*) eintaucht, weiß, was er sucht – dort konzentriert sich die Gayzone. Im Winter jedoch herrscht hier, wie auch sonst, tote Hose. Viele wichtige In-Adressen haben meist nur von April/Mai bis Oktober geöffnet. Ibizas größte Diskos dehnen sich bis Platja d'en Bossa *(Space)* und Sant Rafel *(Privilege, Amnesia)* aus.

Kinogänger finden die beste Auswahl in den außerhalb gelegenen *Multicines Eivissa* in der Av. Es Cubells [123 E4]. Die Filme laufen meist synchronisiert in Spanisch.

ANGELO'S ▶▶   [U D4]
Seit Jahrzehnten eine Institution; Cocktailbar am Hafen mit großer Terrasse, populärer Sommertreff mit viel Atmosphäre. *C/. Garijo, 8 | www.angelosibiza.com*

CAFÉ SIDNEY ▶▶   [123 F4]
Hier schwemmt der Yachthafen die Schickeria ans Ufer, doch auch Landratten zeigen gerne, was sie haben, und fahren in Nobelkarossen vor. Dazwischen mischen sich Normalsterbliche zum kühlen Drink. *Marina Botafoc*

CAN POU ▶▶   [U C4]
Bar in der Hafenzone, guter Spot, um das Treiben zu beobachten. *C/. de Lluis Tur i Palau*

EL DIVINO ▶▶   [U E2]
Luxusdisko in exklusiver Hafenlage, pflegt ihren Glamour und Stil und lockt häufig Promis an. House, DJs, *fiestas especiales*, High-Society-Feeling mit entsprechenden Preisen. *Öff-*

Bühne frei für Selbstdarsteller aller Art

net meist von Anfang Juni bis Ende Sept./Anfang Okt. | Sporthafen Eivissa Nova | www.eldivino-ibiza.com (mit Online-Kartenverkauf)

MADAGASCAR ▶▶ [U C4]

Lassen Sie auf der Barterrasse das Leben an sich vorbeiziehen, genießen Sie die Stimmung eines der schönsten Plätze der Insel. *Pl. del Parc*

PACHA ⭐ ▶▶ [U E1]

Ein Klassiker unter den Diskotheken Ibizas, schon in den Siebziger- und Achtzigerjahren tummelten sich hier die Berühmten und Reichen. Faszinierende Licht- und Soundeffekte; bis zu 3000 Leute gehen rein. Internationale DJs, wilde Themenfiestas. *Im Winter nur Fr/Sa geöffnet | Av. 8 d'Agost | www.pacha.com*

 TEATRO PEREYRA ▶▶ [U C4]

Im alten Theater in zentraler Lage gehen die unterschiedlichsten Konzerte ab. *Av. Bartomeu de Rosselló, 3*

■ AUSKUNFT ■

OFICINA D'INFORMACIÓ TURÍSTICA

– *C/. Antoni Riquer, 2* [U B4] *| Tel. 971 30 19 00 | Fax 971 30 15 62 | http://turisme.eivissa.es*

– *Pl. de la Catedral, s/n* [U C5] *| Tel. 971 39 92 32 | Fax 971 30 14 77*
– *Passeig de Vara de Rey, 1* [U C4] *| Tel. 971 30 19 00 | Fax 971 30 17 40*
– *Ankunftshalle des Flughafens (nur in der Saison)* [123 D5] *| Tel. 971 80 91 18 | Fax 971 80 91 32*

■ ZIELE IN DER UMGEBUNG ■

FIGUERETES [123 E5]

Mit Eivissa verwachsener Vorort, der sich in mehrere kleine Strandabschnitte gliedert. Wasser- und Strandqualität fallen eher der B-Sortierung zu, sodass viele die nahe *Platja d'en Bossa* vorziehen. Nett aufgemacht ist jedoch die verkehrsfreie Promenade *(Passeig de les Pitiüses)*, die beidseits der Plaça de Julià Verdera abläuft. Blickbegleiter bleiben Dalt Vila und die Rückansicht von Eivissas „Mühlenhügel" *Puig des Molins. 2 km südwestlich von Eivissa, zu Fuß über Av. d'Espanya und C/. País Basc*

JESÚS [123 F4]

Neubaugebiete schnüren das alte Jesús wenige Kilometer nordöstlich von

▶ TEURER DISKOSPASS

Sommerliche Partytime zu stolzen Preisen

Für die Diskofans gibt es nur die eine große Jahreszeit auf Ibiza: zwischen den *Opening Partys* (ab etwa Mitte Mai) und den *Closing Partys* (ab ca. Ende September). In dieser Zeit stehen die Disko-Events häufig unter einem besonderen Stern: von Erotik- und Überraschungsfiestas bis zu Schaum- und Wasserpartys für erhitzte Gemüter. Es kann vorkommen, dass die ganze Tanzfläche geflutet wird. Der Aufwand hat seinen Preis und verschlingt einen gewichtigen Teil des Urlaubsbudgets. Die sündhaft teuren Diskoeintritte rangieren je nach Location, Wochentag bzw. Event um die 50-Euro-Marke! Mitunter bekommt man mit einem auf den Straßen verteilten Flyer ein wenig Rabatt, aber achten Sie auf das Kleingedruckte! Was die Strategien munterer Abzocke betrifft, so kann ein Bier durchaus 10 Euro und ein Wodka mit Zitrone 12 Euro kosten.

EIVISSA/IBIZA-STADT

Eivissa ein. Die *Kirche* ist seit dem Spätmittelalter dokumentiert und somit eines der ältesten Gotteshäuser der Insel. Im Innern sticht der Altaraufsatz (15./16. Jh.) hervor, mutmaßlich ein Werk aus der valencianischen Schule des Rodrigo de Osuna. *Meist Di–Sa 9.30–13 Uhr*

PLATJA D'EN BOSSA [123 E5]

Musikbars oder Jetlärm vom nahen Flughafen – irgendwann bekommt man in *Platja d'en Bossa* sicher seine Dröhnung. Der weit auseinandergedriftete Ort wirft sich mancherorts mit unansehnlichen Hochhausblöcken auf und hält sich parallel zum längsten Strand der ganzen Insel. Die sandigen Weiten vereinen alle Altersstufen und Geschmäcker, mitunter in drangvoller sommerlicher Enge. Nahe dem südlichen Ende erhebt sich die *Torre d'es Carregador*, ein wulstiger Wachturm aus dem 16. Jh., der weithin einzige Kulturkontrapunkt zum alles dominierenden Beach- und Highlife.

Vor allem Pauschalurlauber beziehen in Platja d'en Bossa Quartier und nutzten die reichhaltigen Angebote. Sport und Aktivitäten rund ums Wasser stehen hoch im Kurs. In strandnaher Lage sind die *Apartamentos Bon Sol (C/. Manuel de Falla, 4 | Tel. 971 30 04 66 | Fax 971 39 12 30 | www.apartamentosbonsol-ibiza.com | €–€€)* zu finden, die zusammen mit den angrenzenden *Apartamentos Squash* aus insgesamt 90 Einheiten bestehen. In beiden Anlagen zusammen gibt es insgesamt drei kleine Pools. Im ganzjährig geöffneten *Squash* sind die Tarife in der Nebensaison sensationell günstig und liegen

gerade einmal bei einem Drittel der Sommerpreise.

Buntes Treiben herrscht entlang der strandnahen *Avinguda de Pere*

Unter Palmen: Platja d'en Bossa

Matutes Noguera; hier pumpt man sich mit Bier und Burgern voll, hier mögen Cocktails wie „Sex on the Beach" die ausgeschwärmte Jugend zu selbigem animieren. Diskokracher ist das ▶▶ *Space* mit Dutzenden renommierter DJs im Laufe der Saison (*www.space-ibiza.es, mit Eventkalender und Preisübersicht*). *3 km südwestlich von Eivissa*

PLATJA D'ES CAVALLET ⭐ [123 E6]

Feinsandiges Aushängeschild des Südens, gut kombinierbar mit der Platja de ses Salines. Die Anfahrt führt durch das weitflächige Gebiet der Salinen und erlaubt den Blick zurück auf die Hügelkulisse des Inlands. Endpunkt ist ein großer Parkplatz, von dort geht's ran an die Dünen und ab an den ▶▶ Nacktbadestrand. Ein beliebter Restauranttreff heißt ❄ *El Chiringuito (Tel. 971 39 54 85 | €€)*, als Zugabe gibt's den schönen Blick hinüber zur Dalt Vila. Südwärts zieht sich der Strand an Felsenplatten vorbei auf die Landspitze *Punta de ses Portes* zu – eine ==lohnende Wanderung an der Küste entlang==. Weithin sichtbar thront dort die *Torre de ses Portes*, ein Wachturm des 16./17. Jhs. *10 km südwestlich von Eivissa*

Insider Tipp

PLATJA D'ES CODOLAR ⭐ [123 D5–6]

Staubig und rumpelig ist die Piste, die sich vom Zubringersträßchen Richtung Es Cavallet und Ses Salines rechter Hand löst und an den Salinen entlang bis zum Endpunkt, einem Parkplatz, führt. An den dicken Steinkloben mag sich mancher Badefreunde vielleicht stoßen, doch das Wasser an der Platja d'es Codolar ist glasklar und das Ganze zur Sonnenuntergangszeit ein absoluter Top-Spot: wenn die Sonne in der Ferne hinter den Zauberinseln *Es Vedranell* und *Es Vedrà* langsam versinkt und dem benachbarten Falkenkap *(Cap d'es Falcó)* den Anstrich eines glühend orange beleuchteten Schiffsbugs gibt. Wer sich den dazugehörigen Sundowner nicht selbst auf den Felsen mixen will und Hunger verspürt, findet im Restaurant *Cap d'es Falcó (März bis Dez. tgl. | Tel. 971 32 40 82 | €€)* eine gute, aber nicht gerade preiswerte Einkehrmöglichkeit mit italienisch-mediterraner Küche. *10 km südwestlich von Eivissa*

PLATJA DE SES SALINES ⭐ [123 E6]

Die nahen Salinen standen Namenspate bei Ibizas südlichstem Strand; an der Westseite der Bucht fällt der Blick auf die Salzverladeanlagen.

▶ ZUKUNFTSMUSIK

Gigantische Bauprojekte für die Hauptstadt

Im obersten Altstadtbereich der Dalt Vila (Oberstadt) entsteht bis etwa 2012/2013 ein luxuriöses Parador-Hotel. Das Haus soll die historische Substanz und vorhandene bauliche Einheiten behutsam integrieren, darunter das Gouverneurspalais. Im Hafenbereich ist zwischen der Marina Botafoc und dem Leuchtturm der Bau von zwei Molen geplant, die etwa 200 m weit ins Hafenbecken hineinreichen sollen. Dort sollen dann auch größere Fähr- und Kreuzfahrtschiffe festmachen können. Da Ibizas Projektmühlen aber ebenso langsam mahlen wie andernorts in Spanien, sind weitere Terminverschiebungen für die Fertigstellung mehr als wahrscheinlich.

EIVISSA/IBIZA-STADT

Vom Großparkplatz aus führen Zugänge durch einen Kieferngürtel an den rund 1 km breiten Sandstrand heran – und der genießt einen hohen Beliebtheitsgrad! Hinter der Strandlinie reihen sich mehrere Restaurants auf. Wer lieber Kalorien verbrauchen

Tel. 971 19 04 66 | €); die Plastikstühle drängen bis fast an die Meereslinie heran, zur Wahl stehen diverse Tellergerichte, darunter auch Paella. Daneben bietet das ganzjährig geöffnete *Hostal Talamanca* eine zumindest im Sommer leider recht teure

Kein Gletscher: Bei der Platja de ses Salines türmen sich Salzberge

statt zu sich nehmen will, wandert über Felsplatten und versteckte kleine Senken zur östlich angrenzenden Landspitze *Ses Portes* mit ihrem historischen Wachturm. *Gut 10 km südwestlich von Eivissa*

PLATJA DE TALAMANCA   [123 F4]
Östlicher Hausstrand Eivissas, rasch zu erreichen ab der Marina Botafoc. Der tiefe und geschützte Buchteinschnitt verspricht ruhiges Wasser und steht deshalb bei Familien mir Kindern hoch im Kurs. Ein beliebter Treffpunkt ist das **Strandrestaurant Flotante** (tgl. | C/. de Talamanca |

Übernachtungsmöglichkeit (☍ | 45 Zi. | C/. Talamanca, s/n | Tel. 971 312463 | Fax 971 31 57 16 | www.hostaltalamanca.com | €€–€€€). Nahe dem *Flotante* erleichtern Holzstege den Streifzug am Sandband der *Platja de Talamanca* entlang. Später gehen die Planken in eine Promenade über. Hinter den Kiefernhainen, an den Steinplatten Richtung Cap Martinet, ist Ende Gelände.

Zur wenige Kilometer östlich gelegenen *Platja de Talamanca* gibt es ab Hafen Eivissa im Sommer einen Bootszubringer (*Anfahrt über die Av. 8 d'Agost*).

> # TRAUMHAFTE BUCHTEN, IDYLLISCHE WINKEL

Kontraste über Kontraste: Sandstrände, Klippen, der Bergriese Sa Talaia und das lebhafte Sant Antoni de Portmany

> **Im weiten Westen und Südwesten wechselt die Insel gleich mehrfach ihr Gesicht. Abseits der quirligen Sommer-Fun-Hochburg und Hafenstadt Sant Antoni de Portmany hat die Gegend vorwiegend ländlichen Charakter: Oliven- und Mandelbaumhaine, Weinfelder, weidende Schafe, kalkweiße Dorfkirchen, Höfe, freundliche Provinzbewohner.**

Ebenso unterschiedlich zeigen sich die Küstenstriche in diesem Teil der Insel: mal sandig, mal zergliedert und von Klippen durchsetzt. Im Inland kratzt Ibizas höchste Erhebung, der Sa Talaia, mit ihren stolzen 475 m an den nur selten aufziehenden Wolken – Bergbezwinger erwarten auf dem Gipfel ein prächtiges Panorama und ein merklicher Temperaturunterschied. Im Hinterland gibt es idyllische Landhotels in schön restaurierten Fincas zu entdecken, die rustikalen Charme und Ruhe mit Komfort verbinden.

Bild: Küstenlandschaft bei Sa Caleta

DER SÜDWESTEN

SANT ANTONI DE PORTMANY

[122 C2–3] Hafenstadt und saisonales Spaßzentrum des weiten Westens, geografischer Gegenpol und gesunde Konkurrenz zur Ausgehmetropole Eivissa: Dies und mehr ist Sant Antoni de Portmany (20 000 Ew.), gelegen an einer weiten Bucht. Die uniformen Betonblocks des einstigen Fischerdorfs drängen bis an den Hafen heran. In und um Sant Antoni bieten zahllose Hotels, Gasthäuser und Appartementanlagen Unterkunft und lassen die Einwohnerzahl im Sommer um ein Vielfaches ansteigen. Hauptpromenade ist der palmenbesetzte *Passeig de ses Fonts,* der am Rathaus vorbei auf die kuriose Kreisverkehr-Skulptur „Ei des Kolumbus" zuläuft. Zwischen Anfang/Mitte Oktober und Ende Mai werden meist sonntags gegen 12 Uhr traditionelle Trachtentänze auf dem Passeig de ses Fonts dargeboten. Kinder finden auf der Promenade einen kleinen Spielplatz.

■ SEHENSWERTES ■

AQUARIUM CAP BLANC
Die Meeresgrotte wird im Volksmund „Langustenhöhle" genannt. Einst

Abstecher. *Anfang Mai–Ende Okt. tgl. 10–20 (im Hochsommer mitunter bis 23) Uhr | Eintritt 4,50 Euro | Cala Gració, | nordwestlich der Stadt*

CAPELLA SUBTERRÀNIA/ COVA DE SANTA AGNÈS
Die unterirdische Kapelle der Höhlenkirche wurde erst 1907 wieder-

Klare Formen und Farben, kein überflüssiger Zierat: die Pfarrkirche von Sant Antoni

nutzte man den Höhlensee als Aufbewahrungsbassin für Meeresgetier, das zum Verzehr bestimmt war. Heute präsentiert das kleine, preislich leider überzogene Aquarium in den Becken einige Fischarten. Beim Betreten heißt es „Kopf einziehen!". In der ☀ Terrassenbar können Sie sich erfrischen, der Ausblick auf den Buchteingang von Sant Antoni und die umliegende Felsenküste lohnt den

entdeckt und nach der hl. Agnes benannt. Historiker glauben, dass sich in den Tiefen bereits in vorchristlichen Zeiten ein kultisches Zentrum befand. Exakt 31 Stufen führen vom Eingang aus hinab in das Steingewölbe vor den Altar; der Eintritt ist frei. *Di–Sa 10–13.30 Uhr | 1,5 km nordöstlich von Sant Antoni, an der Straße nach Santa Agnès de Corona, Rechtsabzweig*

ESGLÉSIA DE SANT ANTONI

Burgartiger Kirchbau mit weißer Fassade und historischen Wurzeln im 14. Jh.; ausgebessert wurde bis Ende des 18. Jhs. Am Kirchenvorplatz, nahe der Ecke Carrer Ample, geht es durch Bogenvorbauten ins weit aufgerissene Innere hinein.

PUNTA DES MOLÍ

Südostteil der Bucht von Sant Antoni, an den die ansprechend aufgemachte Küstenpromenade anschließt. Wahrzeichen ist die zu Beginn des 19. Jhs. errichtete *Windmühle von Sa Punta.(Zugangszeiten abhängig von der jeweiligen Ausstellung | meist Di–Sa 17–20 Uhr).* Auf der Freiluftbühne werden in der Saison Shows gezeigt.

■ ESSEN & TRINKEN ■

CLUB NÁUTIC ✲

Fleisch und Meeresgetier versieht der Küchenchef mit besonderen Geschmacksnoten. Durch die Fensterfronten schöne Hafenblicke. *Juni bis Sept. tgl., sonst Mo geschl. | Passeig de la Mar, s/n | Tel. 971 34 51 84 | €€*

GERMA

Einheimischenrestaurant abseits vom Zentrum. Hier gibt's ein günstiges Mittagsmenü, Tischwein inklusive; beliebt ist die Paella am Sonntag. *So abends geschl. | C/. Ramón y Cajal, 42 | Tel. 971 34 02 70 | €*

Insider Tipp

ES REBOST DE CAN PRATS

Rustikale Gemütlichkeit. Spezialitäten: Tintenfisch, Lammschulter aus

MARCO POLO HIGHLIGHTS

★ **Westend**
Fun, Fun, Fun im legendären Kneipenviertel von Sant Antoni de Portmany (Seite 54)

★ **Cala d'Albarca**
Auf steinigem Weg zu einer spektakulären Felsküstenlandschaft (Seite 55)

★ **Cala Bassa**
Populäre Sandbucht, begrenzt von schützenden Felsmassiven (Seite 56)

★ **Santa Agnès de Corona**
Dorfcharakter mit kalkweißer Kirche und der Terrassenbar C'an Cosmi (Seite 57)

★ **Sant Mateu d'Albarca**
Reben, Mandeln, Schafe: Hier geht das Leben noch einen ruhigen Gang (Seite 57)

★ **Cala d'Hort**
Traumhafte Aussicht auf das geheimnisvolle Inseldoppel Es Vedranell und Es Vedrà (Seite 60)

★ **Cala Vedella**
Sandige Badebucht zwischen Felsen und eine gute Infrastruktur (Seite 61)

★ **Sa Caleta**
Imposante Felsenküste mit rotbraunen Klippen über der Bucht (Seite 61)

★ **Sa Talaia**
Gehen Sie Ibizas Aussichtsthron Nr. 1 über Stock und Stein an (Seite 62)

★ **Privilege**
Megadisko für über 10000 tanzfreudige Nachtschwärmer; hier gibt's gigantische Partys (Seite 63)

dem Ofen und Kabeljau mit Allioli. *Di geschl. | C/. de Cervantes/Ecke C/. Ample | Tel. 971 34 62 52 | €– €€*

Das Ei des Kolumbus ist ein markanter Orientierungspunkt in Sant Antoni

RITA'S CANTINA
Hier stärken Sie sich mit kleinen Mahlzeiten. Nahe dem Sporthafen. *Tgl. | Passeig de la Mar, s/n | Tel. 971 34 33 87 | €*

SA CAPELLA
Insider Tipp
Anspruchsvollen Ibizenkern gilt es als schönstes Restaurant ihrer Insel. Den Rahmen bildet eine jahrhundertealte, renovierte Kapelle, die allerdings nie als solche geweiht wurde. Zwischen Natursteinwänden und unter dem hohen Tonnengewölbe werden Spitzengerichte wie gegrillter roter Thunfisch aufgetischt. *Mitte April–Ende Okt. tgl., nur abends | bei der Cova de Santa Agnès, ca. 1,5 km nordöstlich von Sant Antoni de Portmany (ausgeschilderter Abzweig an der Straße nach Santa Agnès de Corona) | Tel. 971 34 00 57 | €€€*

■ EINKAUFEN ■
MERCADILLOS
Kunsthandwerkliche Arbeiten und ein buntes Allerlei werden immer wieder in bescheidenem Rahmen an der Hafenpromenade feilgeboten. *Wechselnde Zeiten (Infos im Fremdenverkehrsbüro)*

MERCAT DES CLOT MARÈS
Markthalle mit Angebot an Fisch und Fleisch, Obst, Käse, Gemüse. Die Cafeteria lädt zu einer Rast. *An Werktagen vormittags | C/. del Progrés*

■ ÜBERNACHTEN ■
APARTAMENTOS SAN FRANCISCO
Solide ausgestattete Apartments mit Küche und Bad. Oftmals junges Publikum. Alle wichtigen Spots sind von hier aus gut zu Fuß erreichbar. Im Winter sensationell günstig. *18 Apart. | C/. Barcelona, s/n (mit Eingang in der C/. Sa Dragonera) | Tel. 971 343687 | Fax 971 34 66 13 | www. apartamentos-sanfrancisco.com | €€*

FLORENCIO 🔊
Zimmer mit Bad, auch Dreierzimmer. Pool, Solarium, Bar. Wegen der er-

schwinglichen Preise viel junges Publikum; günstige Tarife außerhalb Juli/Aug. *90 Zi. | Nov.–Ostern geschl. | C/. Soletat, 38 | Tel. 971 34 07 23 | Fax 971 34 66 13 | www.hostalflorencio. com | €€*

PIKE'S 🔊

Moderner Klassiker, der schon Julio Iglesias und Grace Jones beherbergte. George Michael nahm einst ein Musikvideo am Pool auf, Freddie Mercury mietete das Haus für ein Geburtstagsfest. Origineller Stil in einer abgelegenen Finca, jedes Zimmer ein Unikat. *Anfang Mai–Ende Okt., im Sommer Hochpreisniveau | 20 Zi. | Camí de Sa Vorera | Tel. 971 34 22 22 | Fax 971 34 23 12 | www.pikeshotel. com | €€€*

LA TORRE

Genau das Richtige für alle, die ein etwas abseits gelegenes Quartier suchen. Saubere Zimmer mit Bad, freundliche Dekoration. Zimmerpreise inklusive Frühstück. *März–Okt. | 18 Zi. | Urbanización Cap Negret 25 | Tel. 971 34 22 71 | Fax 971 34 47 05 | www.hostallatorre.com | €*

■ FREIZEIT & SPORT

Im Hafen werden in der Sommersaison Touren in Glasbodenbooten angeboten, weitere Schiffstrips führen an der Küste entlang bis zur Cala Bassa und der Cala Tarida. Am Abend macht man sich auf zum *Sunset Cruise.* Eine weitere gute Ausflugsoption: Formentera, morgens hin, abends zurück.

Am Busbahnhof (C/. Londres) geht der *Mini Tren Turístico* auf Tour (siehe Kapitel „Mit Kindern unterwegs").

Im Sommer startet im Regelfall ein weiteres Bähnchen in Sant Antoni, das als „Weinzug" Besucher zur *Bodega Sa Cova* bei Sant Mateu bringt *(2 Std. | Ticket 12 Euro).* Der Preis schließt einen Besuch der Bodega und eine Weinverkostung mit ein.

Nahe Sant Antoni gibt es *Karting San Antonio (Ctra. Eivissa–Sant Antoni de Portmany, km 14 | Tel. 971 34 38 05).*

■ STRÄNDE

Westlich bzw. südwestlich von Sant Antoni schließt sich ein recht zuge-

>LOW BUDGET

> Gut geeignet für eine Frühstückspause oder den günstigen Einkauf von Gebäck im Ortskern von Sant Josep de sa Talaia: *Sa Talaia,* eine Mischung aus Café und Bäckerei *(C/. Sa Talaia).* Für Kaffee, Tapas und einen Drink ebenfalls eine verlässliche Adresse in Sant Josep: die nahe der Kirche gelegene kleine Cafetería Can Llorenç *(tgl. | C/. Can Pou, 2).*

> In Sant Antoni hat sich das kleine Kneipenrestaurant *El Yate de Recreo* auf Tapas und Portionen *(raciones)* spezialisiert. Es gibt eine einfache Terrasse. *Mo geschl. | Passeig de la Mar, s/n | Edificio Fragata bajo | Tel. 971 34 60 55*

> Angesichts des Hochpreisniveaus der kommerziellen Sonnenuntergangsplätze in Sant Antoni (z.B. im *Café del Mar)* lässt sich die Abendstimmung rund um die Promenade ebensogut mit Mitgebrachtem genießen. Es gibt viele schöne Felsenplätzchen zur Auswahl.

bauter Küstenstreifen mit vielen felsigen Abschnitten an; ganz passabel hingegen ist der etwa 150 m breite Sandstrand *Port d'es Torrent* an einer geschützten Bucht. Auf alle Fälle lohnenswerter ist die Fahrt zur *Cala Bassa* (siehe „Ziele in der Umgebung"). Im nordwestlichen Stadtgebiet Sant Antonis erreichen Sie den Strand *Cala des Moró*, ein winziges Sandstrandareal für Minimalisten. Etwas größer ist die *Cala Gració* mit einem akzeptablen Sandstrand, attraktiver die kleinere *Cala Gracioneta;* dort finden Sie eine geschützte kleine Bucht mit Sand und Felsen (schlechte Beschilderung). Zur *Cala Salada* führt ein beschilderter Abzweig an der Straße Richtung Santa Agnès. Dort erwartet Sie eine freundliche Bucht mit schmalem Sandstrandstreifen (teils kieselig, dafür gefahrloser Wassereinstieg). Während der Hochsaison dürfen Sie hier nicht auf Abgeschiedenheit hoffen.

■ AM ABEND ■■■■■■■

Nach den Sonnenuntergangspartys liegt das Epizentrum des Nachtlebens im überschaubaren ★ *Westend* um den Carrer de Santa Agnès, Carrer de Cristófol Colom, Carrer de Bartomeu Vicent Ramon und Carrer de la Mar. Überall strömen more or less trinkfeste Gäste von der britischen Insel zusammen, die im Sommer ihre Frühlingsgefühle ausleben. Auch die Jugend anderer Länder schwärmt aus – ohne die Megapreise in den Megadiskos rund um Eivissa bezahlen zu müssen. Das Westend Sant Antonis reklamiert gleich zwei Superlative für sich, halb Wahrheit, halb Legende: den höchsten Lärmpegel und Ibizas größte Kneipendichte pro Quadratkilometer. Die Dezibel ebben am Passeig de ses Fonts, am Passeig de la Mar und am Passeig Marítim etwas ab. Auch hier finden Sie gute Treffs. Bedenken Sie, dass die wichtigsten In-Adressen nur von etwa Mai bis Oktober geöffnet sind.

CAFÉ DEL MAR ⋇ ▶▶

Traditionsadresse zur Sonnenuntergangszeit, Party mit Blick auf die im Meer versinkende Kugel: für die eingeschworene Fan- und Fungemeinde ein Muss! DJs sorgen für Stimmung, eigene CDs. Hier wurde in den Achtzigerjahren ein eigenes Musikgenre geboren. Die Promenade zieht sich zwischen Haupttrakt und Terrassen hindurch; etwas dahinter versetzt gibt es den eigenen Großverkaufsshop. *C/. de Lepant/nahe C/. de Vara de Rey | www.cafedelmarmusic.com*

EDÉN

Disko mit einem Riesenprogramm zwischen Ende Mai und Ende September, DJs, Fiestas. *Av. Dr. Fleming | www.edenibiza.com*

ES PARADIS TERRENAL

Disko, bekannt wegen ihrer Wasserpartys. *C/. Salvador Espriu, s/n | www.esparadis.com*

THE ISLAND CAFÉ

Gut für einen Drink, nah dran am Treiben beim Sporthafen. *Passeig de la Mar*

VILLA MERCEDES

Verschiedene Zonen, etwas erhöht nahe dem Sporthafen: Restaurant, Livemusik, Cocktailbar, Chill-out-

Bereich. *Passeig de la Mar | www.*
villamercedesibiza.com

■ AUSKUNFT ■
OFICINA D'INFORMACIÓ TURÍSTICA
Passeig de ses Fonts | Tel./Fax
971 34 33 63 | www.santantoni.net

nach Absprache. *Camí de sa Vorera |*
Tel. 971 80 33 77 | www.bodegascan
rich.com

CALA D'ALBARCA ⭐ 〰 [120 A2]

Lust auf spektakuläre Aussichten?
Wer ein raues Küstenpanorama ge-

Ein Klassiker für den Drink zum Sonnenuntergang ist das Café del Mar in Sant Antoni

■ ZIELE IN DER UMGEBUNG ■

BODEGA CAN RICH [123 D2]

Die Rebgärten geben einen Vorge-
schmack auf das größte Weingut der
Insel: die erst Ende der 1990er-Jahre
ins Leben gerufene *Bodega Can Rich*.
Die Bodega liegt wenige Kilometer
östlich von Sant Antoni auf dem Weg
nach Buscastell; Besuchs-, Einkaufs-
und Verkostungszeit ist im Sommer
Mo–Fr 10–14 Uhr, weitere Termine

nießen will, fährt nach Sant Mateu
d'Albarca und folgt im Ortskern den
Schildern nach *Cala d'Albarca*. Hier
geht es zunächst 1,8 km auf einem
Landsträßchen nordwärts, dann
Rechtsabzweig auf eine Piste und
weitere 1,3 km bis zu einem winzigen
Waldparkplatz. Der Weg bergab ist
für Fahrzeuge nicht mehr passierbar
und reizt zu einer ==schönen Wande-
rung==, die Sie nach etwa 30 Minuten

Insider Tipp

zwischen Kiefern hindurch an die Cala d'Albarca hinabführt. Immer wieder erhaschen Sie Blicke auf die Steilküste; die Bucht liegt wie ein riesiges Amphitheater da. Der Weg ist staubig und steinig, gegen Ende

400 Plätze | Tel. 971 34 45 99 | Fax 971 34 74 69 | www.campingcalabassa.com). Gut für Sparfüchse ohne eigenes Zelt: die fest installierten ==Mobil-Homes, Wohnwagen und Bengali-Zelte== für mehrere Leute *(€ – €€).* `Inside Tipp`

Olivenbäume im Umland von Santa Agnès de Corona

knickt er vor einem Zwischenplateau unscheinbar links ab und führt dann steil ans Felsenufer hinab. Bringen Sie einen Tagesrucksack mit Wasser und ein kleines Picknick mit. Die Panoramen und Kontraste mit dem Grün der Kiefern und dem Blau des Meeres lohnen aber die Mühen! *17 km nordöstlich von Sant Antoni*

CALA BASSA ★ [122 B3]
Topbucht mit einem entsprechend hohen Beliebtheitsgrad unter Familien und Jugendlichen, zumal sich in der Nähe der *Campingplatz Cala Bassa* befindet *(Anfang April–Sept. |*

Das geschwungene Sandareal wird von Felsmassiven geschützt, der Blick schweift weit übers Meer. Ein wenig versetzt hinter dem Strand finden Sie unter Kiefern und Wacholder sogar Schatten – keine Selbstverständlichkeit an den Inselstränden! Drinks in den Strandbars. *8 km südwestlich von Sant Antoni*

PLATJES DE COMTE ✿ [122 A3]
Rau, aber herzlich zeigt sich die zerklüftete Küste zwischen den Landspitzen *S'Embarcador* und *Sa Torre.* Kleine, sandige Strandflächen laden zum Bad ein; an stürmischen

Tagen beschränkt man sich aber besser auf die traumhafte Aussicht – die schroffen Inseln *Es Bosc* und *Sa Conillera* liegen zum Greifen nah. Auf dem Festland, an der Punta de sa Torre, ragt mit der *Torre d'en Rovira* (auch *Torre de Comte*) aus dem 18. Jh. ein historischer Wachturm auf. *14 km westlich von Sant Antoni*

SANTA AGNÈS DE CORONA ⭐ [123 D4]

Eingefasst von Mandelbaumweiten, treibt Santa Agnès de Corona (300 Ew.) auf seiner landwirtschaftlich bestimmten Scholle durch die Zeiten. Der Dorfkern erstreckt sich über einige wenige Straßen, Kirche und Bar liegen dicht an dicht. Ein nahezu himmlischer Frieden, der während der Hauptreisezeit mehrfach sowie jedes Jahr am 21. Januar zu Ehren der lokalen Schutzpatronin, der hl. Agnes, aufbricht. Auf Pferdekarren fährt dann die Tanzgruppe auf dem Kirchplatz vor, Musiker ziehen unter klappernden Kastagnetten ins Gotteshaus ein, der Prozessionszug trägt Standbilder durch den Ort.

Insider Tipp

C'an Cosmi, die Terrassenbar gegenüber der Kirche, ist ein Klassiker (Di geschl. | Tel. 971 80 50 20 | €). Hier bekommen Sie einfache Hausmannskost, Kinder- und Tellergerichte. Der Renner ist das Spezialomelett nach Art des Hauses; anständige Portionen, gutes Preis-Leistungs-Verhältnis. Als erstklassige Unterkunft bietet sich das nahe Landhotel *Can Pujolet* an, ein echtes Paradies für Naturfans und Ruhe Suchende, eingefasst in ein riesiges, privates Fincagelände. Von hier führen Wanderpfade ins Gebirge rund um den Gipfel *Es Camp Vell*, ebenso gut lässt es sich im Sommer am Pool faulenzen. Geschmackvoll ausstaffierte Zimmer und Suiten, Klimaanlage bzw. Heizung gehören zum Standard (📶 | *10 Zi. Anfahrt auf der Straße Santa Agnès–Sant Mateu, ausgeschilderter, aber leicht zu übersehender Linksabzweig, Piste bis zum Ende | Tel. 971 80 51 70 | Fax 971 80 50 38 | www.canpujolet.com | €€€*). *9 km nordöstlich von Sant Antoni*

SANT MATEU D'ALBARCA ⭐ [123 D1]

Hier gedeihen Mandeln und Wein: ein fruchtbares Fleckchen Erde ist dieses Talbecken von Sant Mateu

❯ LUXUS HINTER BRUCHSTEIN
Agroturisme – Tourismus auf dem Land

Neues Leben in alten Bauerngehöften – anstelle von Schafen oder Ziegen machen sich heute gut betuchte Zweibeiner breit, statt Landluft riecht es nach purem Luxus. Im Zuge des boomenden *agroturisme* mit heute insgesamt 20 Landhäusern auf Ibiza sind komplette Anwesen wie *Can Lluc* nahe Sant Rafel und *Can Pujolet* bei Santa Agnès mit viel Geschmack restauriert worden und genügen höchsten Ansprüchen. Umrahmt von Balken und Bruchsteinmauern, genießen die Gäste Charme und Komfort in der Natur. Da die Häuser oft versteckt liegen, sollte man sich bei der Buchung nach der genauen Anfahrt erkundigen oder auf der Website die Anfahrtsskizze prüfen.

SANT ANTONI

d'Albarca (300 Ew.), das geologischen Studien zufolge einst mit einem See gefüllt war. Heute ist der ausladende Kessel mit verstreuten Anwesen besprenkelt, das Hauptörtchen vereint alles Notwendige: den Sportplatz, den Friedhof und die weiße Kirche aus dem 18. Jh. Das freundlich geführte Restaurant *Can Cires (Di geschl. | Tel. 971 80 55 51 | €–€€)* liegt nur ein paar Gehminuten von der Kirche entfernt und tischt wochentags ein günstiges Mittagsmenü auf; auch sonst ist das Preis-Leistungs-Verhältnis sehr gut.

Insider Tipp Versteckt am Rande des Beckens, pflegt das Weingut *Sa Cova* seine recht junge Anbautradition und profitiert von den tonhaltigen Böden. Hier tankt man sich zu einem Familienbetrieb vor, der im Sommer meist auch Ziel des in Sant Antoni startenden „Weinzugs" ist. Produziert werden jährlich ca. 20000 Flaschen. Die Erzeugnisse sind strengen Qualitätskontrollen unterworfen. Die Weißen kommen frisch und fruchtig, die Roten sanft, ein wenig erdig und mit einem Anflug von roten Beeren daher – keine hochklassigen, aber ehrliche Weine. Hier lohnt der Einkauf direkt vom Erzeuger, also von Juan Bonet Riera, der das Gut aufgebaut und seine Tochter Sara mit dem „Weinvirus" infiziert hat. Bei einer Weinprobe *(7 Euro)* kostet man drei Weine und bekommt ein paar Salzkekse dazu. Die Bodega liegt 2 km nordwestlich von Sant Mateu *(Straße nach Santa Agnès, dann nach Cala d'Albarca | Mai–Okt. Mo–Sa 10–14 Uhr, sonst auf Anfrage | Tel. 971 18 70 46 | sacova-ibiza@telefonica.net). 14 km nordöstlich von Sant Antoni*

Beschauliches Städtchen im Hinterland: Sant Josep de sa Talaia

Weinfässer im Keller der Bodega Sa Cova bei Sant Mateu

SANT JOSEP DE SA TALAIA

[122 C4] **Eine Hauptstraße, einige Läden und Cafébars, eine Kirche, ein paar nette Winkel – auf diese spärliche Komposition reduziert sich das Ortsbild von Sant Josep de sa Talaia, Dreh- und Angelpunkt einer Großgemeinde von immerhin 19 000 Menschen.** In und um Sant Josep selbst wohnt allenfalls ein Zehntel davon, abhängig von der Jahreszeit. Viele Ausländer haben sich in der Gegend mit Erst- und Zweitwohnsitzen eingekauft, als die Immobilienpreise noch günstig waren. An der Ortsdurchgangsstraße Carrer Pere Escanellas bummeln Sie an der schmucklosen Wehrkirche, auf der gegenüberliegenden Seite am Rathaus vorbei. Livekonzerte jedweder Art während der Saison meist Do/Fr oder Sa im *Café Raco Verd* (ebenfalls an der Durchgangsstraße).

■ SEHENSWERTES

ESGLÉSIA DE SANT JOSEP

Im Ortskern gelegene Kirche (18. Jh.) mit Sonnenuhr, Glockenaufsatz und leuchtend weißem Arkadenvorbau. Im Innern fällt der Blick auf die hölzerne Kanzel und ein Bildnis des hl. Josef.

■ ESSEN & TRINKEN

DESTINO

Beliebte Anlaufstelle für leckere Tapas. Freitags ist meist Couscous-Tag. *Nov.–Ostern und So geschl. | C/. Sa Talaia 15 | Tel. 971 80 03 41 | €*

EL SOL DE SIENA

Variantenreiche Speisen von Goldbrasse bis Entenleber. *Im Sommer nur abends, So geschl., sonst wechselnde Ruhetage | C/. Pere Escanellas, 34 | Tel. 971 80 06 97 | www.el-sol-de-siena.com | €€*

■ ÜBERNACHTEN

CAN XU XU 🔊

Französisch geführte Landhausunterkunft auf einer Finca aus dem 19. Jh. mit Pool und gepflegten Grünanlagen. Die Pistenzufahrt (beschildert) beginnt etwa 3,5 km von Sant Josep entfernt an der Straße zur Cala Tarida. *6 Zi. | Tel. 971 80 15 84 | Fax 971 80 08 05 | www.canxuxu.com | €€€*

JARDINS DE PALERM

Idyllisches Luxushotel, eingerichtet in einer jahrhundertealten Finca. Zwei

Pool und exotische Gartenanlagen. Für Individualreisende Ostern bis Mitte Nov. geöffnet, für Gruppen ganzjährig. *9 Zi. | C/. Pujol d'en Cardona | Tel. 971 80 03 18 | Fax 971 80 04 53 | www.jardinsdepalerm. com | €€€*

■ AUSKUNFT ■

Im *Rathaus* an der *C/. Pere Escanellas* kümmert man sich um touristische Belange und hält Infomaterial bereit (allerdings nicht besonders üppig). *www.santjosep.biz*

■ ZIELE IN DER UMGEBUNG ■

CALA D'HORT ★ ☼　　[122 A–B5]

Ein kurzes, 15-prozentiges Gefälle lässt Sie auf dem letzten Stück der Straße regelrecht an die Cala d'Hort hinabstürzen. An Parkraum herrscht jedoch Mangel, auch die die Restaurantplätze sind heiß begehrt. Der steinige Strand selbst ist nicht ganz so reizvoll, der Ausblick, vor allem bei Sonnenuntergang, auf die legendären unbewohnten „Dracheninseln" *Es Vedranell* und *Es Vedrà* allerdings kaum zu überbieten. Insbesondere von Es Vedrà soll eine magische Kraft ausgehen. Ab Sant Antoni nehmen gelegentlich Ausflugsboote Kurs auf das 382 m hohe Zaubereiland. Ein idealer Platz, um das Panorama mit festem Boden unter den Füßen zu genießen, ist das Restaurant *El Carmen (März–Okt. tgl. durchgehende Küche | Tel. 971 18 74 49 | €€);* die gute Paella genießt weithin einen guten Ruf.

Eine archäologische Zugabe liegt im Hinterland an der Straße Richtung Cala Vedella/Cala Carbó: *Ses Païses de Cala d'Hort*, eine Grabungsstätte mit Wurzeln im 5. Jh. v. Chr. Ein Stück weiter nordwestlich öffnet sich die in der Hauptsaison häufig überfüllte *Cala Carbó*, eine Minibucht mit einem von Steinen durchsetzten Strand. *10 km südwestlich von Sant Josep de sa Talaia*

CALA TARIDA　　　　[122 B3–4]

Lassen Sie sich nicht von den zubetonierten Flanken abschrecken, die Cala Tarida lohnt einen Abstecher. Ins Bild gehören schöne Sandabschnitte und Felsplatten, im und am Wasser können Sie Kontakte knüpfen. Auch Familien mit Kindern suchen den Strand gerne auf. Schöne Blicke garantiert das ☼ *Restaurante Posta de Sol (April–Okt. tgl., im Winter nur an den Wochenenden, Feb./März geschl. | Tel. 971 80 63 08 |€€)*, das auf einer Anhöhe liegt und über Treppen erreichbar ist; zu den Spezialitäten zählen Fisch und Reisgerichte. *9 km nordwestlich von Sant Josep de sa Talaia*

DER SÜDWESTEN

Insider Tipp

Die tief eingeschnittene Cala Vedella bildet ein natürliches Hafenbecken

CALA VEDELLA ⭐ [122 A–B4]

Schöner Buchteinschnitt, makelloser Sand, gute Infrastruktur – die Pluspunkte der Cala Vedella (auch: *Vadella*) liegen auf der Hand und zusammen mit dümpelnden Yachten und Fischerbooten vor Augen. Fischgerichte und Paellas bereitet das Restaurant *María Luisa (Mo geschl. | Tel. 971 80 80 12 | €€).9 km westlich von Sant Josep de sa Talaia*

SA CALETA ⭐ [123 D5]

Markante Klippen in rotbraunen Tönen formen die Kulisse von Sa Caleta, einer kleinen Bucht mit Steinstrand. Vom meernahen Parkplatz ist es ein Katzensprung ins Restaurant *Sa Caleta (tgl. | im Winter abends geschl. | Tel. 971 18 70 95 | €€ €€€)*, das sich auf Reis- und Fischgerichte spezialisiert hat. Am Restaurant vorbei folgen Sie dem Weg wenige Gehminuten weiter zum *Poblat fenici*, den Überresten einer phönizischen Siedlung aus dem 7. Jh. v. Chr. Das kleine Gelände ist umzäunt und wegen seiner spärlichen Fundamente eher enttäuschend. Beeindruckender nimmt sich das Miteinander von Kieferngrün und Meeresblau im Hintergrund aus; der ganze Küstenstreifen steckt voller Bootsschuppen der Fischer. Eine alternative Bucht öffnet sich weiter westlich mit der *Cala Es Jondal. 10 km südöstlich von Sant Josep*

SANT AGUSTÍ DES VEDRÀ [122 C3–4]

Wird gern als eines der besterhaltenen Dörfer der Insel gerühmt, doch die Zugkraft hält sich in Grenzen. Im Mittelpunkt des Ortes (400 Ew.) ragt die weiße Kirche auf, ein Streifzug durch die Straßen macht mit beschaulichem Landleben vertraut. Gegenüber der Plaça Major liegt das Restaurant *Ca'n Berri Vell (Ostern–Ende Okt., Juli–Sept. tgl., sonst So geschl. | Tel. 971 34 43 21 | €€)*. Im Innern warten rustikale Räume und eine gepflegte Küche. *4 km nördlich von Sant Josep de sa Talaia*

SA TALAIA [122 B–C4]

Hoch über Sant Josep de sa Talaia bäumt sich der 475-m-Riese Sa Talaia auf. Ibizas höchster Buckel trägt eine Haut aus Kiefern und wilden Kräutern und überdies mehrere Antennen. Entdeckernaturen starten in Sant Josep zu einer Bergwanderung (einfache Strecke ca. 2,5 km, leider schlechte Beschilderung). Orientierungen geben die Antennenmasten im Gipfelbereich. Der Berg ist mit Kiefernforst bedeckt, der Gipfel gibt phantastische Ausblicke auf die Ost- und Westküste frei. Alternative zum steilen Aufstieg: die Pistenauffahrt mit dem Mountainbike oder einem geeigneten Fahrzeug über den 5 km langen *Camí de Sa Talaia*.

SANT RAFEL

[123 E3] **Klein und unscheinbar breitet sich Sant Rafel an der Schnellstraße** C–731 von Eivissa nach Sant Antoni de Portmany aus. Ein kurzer Abzweig führt ins Herz des Ortes (400 Ew.), wo mehrere Bars und Restaurants zur Auswahl stehen. Als bedeutendstes Bauwerk sticht die Ende des 18. Jhs. errichtete Kirche hervor. Krasser Gegensatz: am Ortsrand das gigantische *Privilege*, der pure Diskowahnsinn!

■ ESSEN & TRINKEN ■

CENTRE

Mediterrane Küche bestimmt den Speiseplan in diesem zentral gelegenen Restaurant. Da darf weder die Paella noch der Fisch aus dem Ofen fehlen. Hausgemachte Nachtische. *Di geschl. | Ctra. San Antonio/Cruce Sant Rafel | Tel. 971 19 84 11 | €€*

■ EINKAUFEN ■

CERÁMICAS ICARDI

Inside Tipp

Carlos Icardi ist einer der letzten seiner Zunft, ein Keramikmeister mit

➤ BLOGS & PODCASTS

Gute Files und Tagebücher im Internet

➤ www.e-ibiza.de/blog – Wo steigen die heißesten Opening Partys? Wo lässt sich gut chillen? Was ist in der Politlandschaft los, in welche Verschönerungen stecken die Gemeinden ihr Geld? Zu diesen und vielen anderen Themen bekommen Sie hier teils kritische Informationen.

➤ www.ibizablog.co.uk – Auch mit dieser englischsprachigen Seite bleibt man aktuell und gut informiert.

➤ www.formenteraweb.com/blog – Klicken Sie diese Seite an, um alles (oder zumindest vieles) Wissenswerte über Ibizas Nachbarin Formentera zu erfahren.

➤ www.cafedelmarcommunity.com – Treffpunkt der Community des kultigen Musikcafés in Sant Antoni.

➤ www.ibiza-voice.com – Regelmäßige Audiopodcasts mit der neuesten Musik; guter Überblick über die Tracklists.

➤ www.minimalfreaks.com/tag/ibiza/ – Audiopodcasts u.a. mit House, Deep House, Funk, Techno.

Für den Inhalt der Blogs & Podcasts übernimmt die MARCO POLO Redaktion keine Verantwortung.

Leib und Seele. Gerne entwickelt er eigene Kreationen oder greift punische Vorbilder auf – ein Lieblingsmotiv ist Schutzgöttin Tanit als kleines Relief für die Wand. Ansonsten stehen Schalen, Vasen und Amulette zur Wahl. Atelier und Verkaufsshop liegen an der Ortsausfahrt Richtung Sant Antoni. *Can Ferreret, 42 | Tel. 971 19 81 06*

■ ÜBERNACHTEN

CAN JAUME CURT

Rustikales Ferienhaus (für 5 Personen) bei Sant Rafel, ausgestattet mit drei Schlafzimmern, Kaminsalon, Pergola und Privatpool: ein exklusives Refugium aus dem Hochpreissektor. *Buchungen über Can Lluc (siehe unten) | €€€*

Insider Tipp CAN LLUC

Traumhaftes Landhotel, Baustruktur einer alten Finca. Das Naturgelände umfasst Oliven- und Johannisbrotbäume und einen Spazierweg. Jedes Zimmer ist individuell gestaltet, im Hauptbau Salon und Leseecke. Gartenanlage mit herrlichem Pool und Außen-Whirlpool, Frühstück im Preis inklusive. *12 Zi. | Anfahrt auf der Straße Sant Rafel–Santa Agnès, nach 2 km Rechtsabzweig, Erdweg bis zum Ende | Tel. 971 19 86 73 | Fax 971 19 85 47 | www.canlluc.com | €€€*

■ AM ABEND

AMNESIA ▶▶

Sommerdisko mit berühmt-berüchtigten Schaumpartys, heißen Sound- und Lichteffekten. DJs und Publikum geben alles. Die Opening Party steigt meist Mitte Juni. *Ctra. Eivissa–Sant Antoni | km 6 | www.amnesia.es*

Handarbeit in der Töpferwerkstatt

PRIVILEGE ★ ▶▶

Spektakuläre Megadisko mit internationalem Ruf, bekannten DJs und Platz für über 10000 (!) Leute. Hier strömen die Partymassen auf verschiedenen Tanzflächen zusammen, treffen sich im Palmengarten oder im Pool. Supermodels, Musik- und Filmstars und -sternchen sind keine Seltenheit – hier haben sich schon Robert de Niro, Madonna und Gloria Gaynor vergnügt. Fun bis zum behördlich auferlegten Toresschluss; je nach Partytime ganz unterschiedliche Musikrichtungen. Ticketverkauf auch online unter *www.privilegeibiza.com* (die Preise starten in der Regel bei 25 Euro). Strenger Einlass erst ab 18 Jahren. Opening meist Ende Mai, Closing Anfang Oktober. *Ctra. Eivissa–Sant Antoni | km 7*

> ZERKLÜFTETE KÜSTEN UND HAFENTRUBEL

Strandfans erwartet eine reiche Auswahl, angeführt von der Ferienregion um Santa Eulària d'es Riu und Es Canar

> **Felsenfinger stechen aus dem Wasser, der Wind streicht durch Kiefern und Feigenbäume, über manchen Stränden hängt ein Hauch von Wildromantik – überall werden Urlaubsträume wahr.** Lebhaft geht es in der rasant gewachsenen Küsten- und Hafenstadt Santa Eulària d'es Riu zu, während im Inselnorden ein ganz anderer Wind weht. Die Besiedlung ist dünn, die Gegend um Sant Joan de Labritja wirkt regelrecht verschlafen, Ausbli-

cke auf die Felsenküsten erkämpft man sich mancherorts nur zu Fuß. Von gänzlich unberührtem Terrain kann man allerdings auch hier nicht reden, wie im Sommer der Blick auf die frequentierten Strände von Portinatx und Port de Sant Miquel zeigt. Typisch für den Norden sind auch Landstriche mit Mandelbäumen und Orangen. Im Osten lebt Sant Carles noch heute von seinem Ruf als einstiger Hippie-Treff.

Bild: an der Uferpromenade von Santa Eulària

DER NORDOSTEN

ES CANAR

[121 E4] **Der Ort (1000 Ew.) ist das Zentrum einer populären Urlaubsregion, die südwestwärts mit Santa Eulària d'es Riu verschmilzt. Für Zugkraft sorgt regelmäßig der Hippiemarkt auf dem Gelände des Clubs Punta Arabí.** Zwischen Punta Arabí und Es Canar downtown breitet sich eine belebte Bar- und Cafémeile an der Avenida de Punta Arabí aus, die auf den Minihafen und die nett aufgemachte Küstenpromenade zuläuft. Von dort schwenkt der Blick über den sichelförmig geschwungenen Sandstrand Richtung Punta de ses Calderes. Im dicht gebündelten Ortszentrum finden Sie Bars, Restaurants, Autoverleiher, Läden von der Stange und reichlich Trubel. Dreh- und Angelpunkt ist die *Plaça d'es Canar*, ein Palmenplatz mit Springbrunnen. Im Sommer lässt man es hier so richtig krachen.

ES CANAR

■ ESSEN & TRINKEN ■

LA PERLA

Liegt etwas zurückgesetzt von den Strand- und Hafenbereichen, Speis und Trank am besten auf der kleinen Terrasse, recht günstiges Mittagsmenü. *Im Winter So geschl. | Av. d'es Canar | Tel. 971 33 11 67 | €*

hinter liegt ein felsiges Küstenstück. Vermietet werden verschiedene Hüttenmodelle *(bungalows, chalets de madera)* für bis zu vier Personen. In der Regel geöffnet Anfang Mai bis Ende Oktober. *Cala Martina | Tel. 971 33 85 25 | Fax 971 33 82 26 | www.camping-laplaya-ibiza.com | €*

Seit Jahrzehnten eine Institution: der Hippiemarkt in Punta Arabí

■ EINKAUFEN ■

HIPPIEMARKT ★

Gilt als Ibizas bekanntester und größter Hippiemarkt, wobei das ureigene Hippieflair dem Kommerz gewichen ist. Musik und Stände bieten von April/Mai bis Oktober jeden Mittwoch (10–19 Uhr) eine Immer-was-los-Garantie. Angebot von Kleidung bis Kunsthandwerk. *Punta Arabí*

■ ÜBERNACHTEN ■

CAMPING LA PLAYA

Insider Tipp

Kleiner, recht einfach ausgestatteter Platz mit Kiefernbestand. Direkt da-

PUNTA ARABÍ

Großer Ferienclub im Bungalowstil, der mit seinen vielfältigen Sport-, Animations- und Showangeboten vor allem für ein jüngeres Publikum und für Singles als verlässliche Adresse für Urlaubs-Highlife bürgt. Mit Disko und neun Bars. Die Preise verstehen sich inklusive Halbpension. Wer sich hier einquartiert, bringt meist ein hohes Maß an Flirtbereitschaft mit. *Mai–Okt. | 364 Zi. | Punta Arabí | Tel. 971 33 06 50 | Fax 971 33 91 67 | www.clubpuntaarabi.com | €€*

PORT DE SANT MIQUEL

[120 C2] **Munterer Ferienort (500 Ew.), der Wasserfreaks an die Bucht und den ansehnlichen Sandstrand zieht.** Die Bausünden der Vergangenheit klaffen jedoch wie eine offene Wunde, die Hotelblocks fügen sich alles andere als harmonisch ins Bild. An den Strand schließt sich eine winzige Palmenpromenade mit Bänkchen an.

■ ESSEN & TRINKEN ■

PORT BALANZAT

Großes Restaurant in Strandnähe, dessen Beliebtheit häufig für vollbesetzte Tische sorgt. Gut: Fisch und anderes Meeresgetier. Auf der Terrasse isst das Auge doppelt mit: Hier genießen Sie auch den Blick aufs Meer. *Mitte Nov.–Mitte Feb. geschl., sonst tgl. | Tel. 971 33 45 27 | €€*

■ ÜBERNACHTEN ■

CAS PLA 🔊

Stilvolles, rustikales Landhotel mit Pool und Gartenanlagen. Der ausgeschilderte Abzweig liegt an der Straße zwischen Sant Miquel de Balansat und Port de Sant Miquel. *16 Zi. | Tel. 971 33 45 87 | Fax 971 33 46 04 | www.caspla-ibiza.com | €€€*

SAN MIGUEL PARK – ESMERALDA MAR 🔊

Ferienanlage mit Studios und Apartments, vor allem bei Familien beliebt, nur wenige Hundert Meter vom Strand. *100 Einheiten | Nov.–April geschl. | Tel. 971 33 46 02 | Fax 971 33 46 15 | www.sanmiguelpark-ibiza.com | €–€€*

■ ZIELE IN DER UMGEBUNG ■

CALA DE BENIRRÀS   [120 C1–2]

Kieseliger Strand und glasklares Wasser an der kleinen Bucht bilden den Rahmen für Neuhippie-Traditionen,

MARCO POLO HIGHLIGHTS

⭐ **Hippiemarkt**
Mittwochs zieht der bunte Trubel die Massen an die Punta Arabí (Seite 66)

⭐ **Cova de Can Marçà**
Tropfsteinhöhle: Geschichten von Schmugglern und faszinierende Formationen (Seite 68)

⭐ **Volkstänze**
Ortstermin in Sant Miquel: Bühne frei für Folkloregruppen (Seite 69)

⭐ **Torre d'es Molar**
Rau und gewaltig – rund um das Plateau des alten Wachturms fliegen die Blicke über die Klippen (Seite 69)

⭐ **Puig de Missa**
Aufstieg zur Kirche und auf dem sehenswerten Friedhof auf dem Hausberg Santa Eulàrias (Seite 72)

⭐ **Atzaró**
Vor den Toren Santa Eulàrias: Feudales Tafeln auf dem Land – ein Hochgenuss (Seite 73)

⭐ **Cala Llenya**
Feinsandiger Strand, angenehm breite Liegeflächen (Seite 76)

⭐ **Cala de Sant Vicent**
Makelloser Sandstrand zwischen Felsenflanken (Seite 77)

vor allem sonntags. Dann kommen Trommler zusammen, bis die Sonne versinkt und die Handflächen glühen. Schön ist die Anfahrt an die Cala Benirràs: eine kleine Gebirgsroute mit Kiefernwäldern und Küstenblicken. *Ca. 4 km nordöstlich von Port de Sant Miquel*

COVA DE CAN MARÇÀ ⭐ [120 C2]

Tropfsteinhöhle mit interessanten Galerien und einer geologischen Geschichte, die rund 100000 Jahre zurückreicht. Aus jüngerer Zeit, bis etwa 1970, sind Episoden von Schmugglern überliefert, die in der Grotte ihre Tabak- und Schnapslager unterhielten. Noch heute sieht man rätselhafte Zeichen an den Steinwänden, mit denen sie sich den Weg zum Notausgang markiert hatten. **Insider Tipp** **Ton- und Lichteffekte** sorgen beim geführten Rundgang für kleine Showtime. Auf der ❀ Terrasse der Höhlenbar können Sie sich mit einem Drink erfrischen und die herrliche Aussicht

auf die Felsenküste genießen. *Eintritt nur mit Führung (etwa jede halbe Stunde, Dauer 40 Min.), im Sommer tgl. 10.30–20, sonst tgl. 11–17.30 Uhr | Eintritt 8 Euro | Tel. 971 33 47 76 | www.covadecanmarsa.com | ca. 1 km nordöstlich von Port de Sant Miquel (beschildert)*

SANTA GERTRUDIS DE FRUITERA [120 C2]

Zitronen-, Orangen- und Johannisbrotbäume legen sich weitläufig um das Örtchen (600 Ew.), das unter dem Schutz der hl. Gertrud steht und alljährlich Mitte November sein Patronatsfest begeht. Vor oder nach Besichtigung der Dorfkirche (18. Jh.) geht's ab in eine der vielen einladenden Kneipen des Ortes.

Cas gasi heißt ein abgelegenes, **Insider Tipp** 40000 m² großes Areal westlich von Santa Gertrudis; der ausgeschilderte Abzweig liegt an der alten Straße nach Sant Mateu. In diesem von Margaret von Korff und ihrem Mann

Unterirdische Phantasiewelten in der Cova de Can Marçà

Luis geführten Landhotel genießen Sie Ruhe und Natur in rustikaler Atmosphäre. Hier fühlt man sich der Welt entrückt, was schon Hollywoodstar Richard Gere und Norwegens Königin Sonja zu schätzen wussten. 450 Olivenbäume dienen der Ölproduktion für den Eigenbedarf. Schöner Pool, Sauna und Whirlpool in einem separaten, verglasten Trakt. Die Preise entsprechen dem luxuriösen Standard (| 10 Zi. | Camí Vell a Sant Mateu | Tel. 971 19 77 00 | Fax 971 19 78 99 | www.casgasi.com | €€€). 11 km südlich von Port de Sant Miquel, Anfahrt über Sant Miquel de Balansat auf der Landstraße PM-804

SANT MIQUEL DE BALANSAT [120 C2]

Allbeherrschend thront die wehrhafte Kirche (14.–16. Jh.) auf dem Ortshügel *Puig de Missa* und lockt Besucher durch zwei dreibögige Zugänge an. Im Innern wirkt das Gotteshaus fast grottenartig, Teile der Gewölbe sind mit Fresken bemalt. Nicht nur beim Patronatsfest Ende September geht es hoch her. Von etwa Anfang Mai bis Ende Oktober werden ⭐ *Volkstänze* geboten: Immer donnerstags gegen 18 Uhr geben sich Folkloregruppen ein Stelldichein. In typische Trachten gekleidet, ziehen sie auf dem Kirchenvorplatz mit ibizenkischen Tänzen (dem so genannten *ball pagès*) und Musik zahlreiche Besucher an – eine ideale Gelegenheit, sich ein Bild von der lebendigen Traditionspflege zu machen. *4 km südlich von Port de Sant Miquel*

TORRE D'ES MOLAR ⭐ 🔅 [120 C2]

Am Strand von Port de Sant Miquel beginnt ein ausgeschilderter Wander-

Volkstänze vor der Kirche in Sant Miquel

pfad, auf dem Sie etwa 25–30 Minuten bis zur *Torre d'es Molar* brauchen. Manche Abschnitte sind steinig und steil und führen durch schattigen Kiefernforst, nicht überall ist der Weg deutlich mit Farbmarkierungen ausgewiesen. Das Panorama um den alten Molar-Wachturm entschädigt für alle Mühen. Hier zeigen sich die Abstürze der nördlichen Felsenküste von spektakulären Seiten, auch den Strand von Port de Sant Miquel haben Sie in der Ferne im Blick.

PORTINATX

[121 D1] Kleine Ferienhochburg des Nordens (800 Ew.), deren Namen man „Portinatsch" ausspricht. Allsommerlich strö-

PORTINATX

men Wasserratten und Sonnenanbeter heran und aalen sich an mehreren Strandbereichen. Tonangebend sind meist die Briten. Abseits des Strandes trifft man sich an der von Bars und Restaurants gesäumten Promenade oder auf dem während der Saison sonntagabends (ab ca. 18 Uhr) nahe dem Hotel *Presidente* stattfindenden *Hippiemarkt.*

■ ESSEN & TRINKEN ■

ES PUET BLANC

Insider Tipp

Zu ausgesprochen günstigen Preisen gibt es hier Fisch-, Fleisch- und Nudelgerichte, außerdem Pizza, Salate, Paella. Nach dem Essen können Sie gleich an den Strand kugeln oder einen Verdauungsspaziergang über die vorliegende Promenade einschieben. *Mai–Okt. tgl. | Tel. 971 32 06 06 | www.espuetblanc.com | €*

■ ÜBERNACHTEN ■

CAS MALLORQUÍ

Jedes Zimmer mit Bad , Balkon und Meerblick. Preise in diesem Hostal

inklusive Frühstück, sehr günstige Tarife außerhalb der Sommersaison . Insider Tipp

Dem Quartier ist ein populäres Restaurant mit Fischspezialitäten angeschlossen. *9 Zi. | Nov.–Ostern geschl. | Cala Portinatx | Tel. 971 32 05 05 | Fax 971 32 05 04 | www.casmallorqui.com | €€*

LA CIGUENYA

Ein gutes Preis-Leistungs-Verhältnis und eine günstige Lage zeichnen dieses Hostal aus; mit Pool und kleinem Fitnessraum. *30 Zi. | Nov. bis April geschl. | Cala Portinatx | S'Arenal Petit, 36 | Tel. 971 32 06 14 | Fax 99 71 32 06 99 | www.laciguenya.com | €*

■ STRÄNDE ■

Südwestlich von Portinatx führen Abstecher von der Hauptstraße an weitere Strände und Buchten: zur *Cala des Xuclar* (klein, kieselig), *S'Illot des Renclí* (winzig, kieselig, steile Zufahrt) und zur *Cala Xarraca* (sandig, felsig).

Einen feinsandigen Strand und sauberes Wasser bietet die Bucht von Portinatx

DER NORDOSTEN

■ ZIELE IN DER UMGEBUNG ■

FAR DES MOSCARTER   [121 D1]

Leuchtturm mit schwarzweißer Farbringelung, 20–25 Gehminuten nordöstlich von Portinatx und von dort bereits zu sehen. Wanderfreunde aufgepasst: Der Weg lohnt wegen des ☀ herrlichen Küstenpanoramas und der mediterranen Vegetation, ist aber nicht richtig beschildert! Man schlägt einen Bogen durchs Inland, in dem sich ein Netz an Pfaden verästelt und Liebespärchen Schlupfwinkel finden.

SANT JOAN DE LABRITJA   [121 D2]

Je nach Saison zeigt der Ort (500 Ew.) sein lebendiges oder sein verschlafenes Gesicht. In behördlichen Fällen suchen die Bewohner der Gegend das Rathaus auf, das vis-à-vis der markanten *Kirche* (18. Jh.) mit spitzem Turmaufsatz liegt. Die Durchgangsstraße zieht sich steil aufwärts, vor den Häusern stehen Töpfe mit blühenden Pflanzen, in den Gärten gedeihen Weihnachtssterne und Orangen. Für die Polizisten der Guardia-Civil-Station besteht kaum Herzinfarktgefahr. Legen Sie ebenfalls eine Pause ein, z.B. im *Café Vista Alegre* an der Plaça d'Espanya *(im Sommer tgl., sonst So geschl. | Tel. 971 333008 | €).*

SANT LLORENÇ DE BALÀFIA   [120 C3]

Unscheinbares Örtchen, das sich um die Kirche legt und durch die nahe historische Siedlung *Balàfia* ergänzt wird. Diese trägt ihren wehrhaften Charakter seit maurischen Zeiten. *15 km südlich von Portinatx*

SANTA EULÀRIA

[121 D4] **Promenaden, Hafen- und Strandbereiche komponieren die Bilder im größten Ballungsgebiet der ibizenkischen Ostflanke; in der Kernstadt Santa Eulària d'es Riu leben ca. 10 000, in der Großgemeinde etwa 30 000 Menschen, darunter viele Deutsche.** Der Name Santa Eulària erinnert an eine Märtyrerin zu römischen Zeiten, allerdings ist der Zusatz *Riu* („Fluss") im Strom der Zeiten untergegangen. Heute liegt der Riu de Santa Eulària ausgetrocknet da, auf der Ausfahrt Richtung Eivissa überqueren Sie die alte Brücke. Geschäftig zieht sich der *Carrer de Sant Jaume* durchs Stadtbild und trennt den Rathausplatz *Plaça d'Espanya* von der Hauptpromenade, dem *Passeig S'Alamera.* Einkehrgasse par excellence ist der Carrer San Vicente. Ein wenig ins Hinterland versetzt wirft sich der Hausberg *Puig de Missa* mit seiner imposanten Wehrkirche nebst Friedhof auf, südwärts bleibt der Blick an der Küste entlang an den

kleinen Bergen um den *Puig d'en Pep* (240 m) hängen.

◼ SEHENSWERTES ◼

MUSEU D'ETNOGRAFIA

Auf dem Puig de Missa, nicht weit von der Kirche entfernt, beherbergt das historische Landhaus Can Ros ein aufschlussreiches Volkskundemuseum. Anhand von sorgsam zusammengetragenen Exponaten (u. a. landwirtschaftliches Gerät, Trachten, Schmuck, eine Olivenpresse aus massivem Pinienholz, ein Stampfbottich im Weinkeller) macht man sich mit den ländlichen Bräuchen und Traditionen der alten Ibicencos vertraut. *April–Sept. Mo–Sa 10–14, 17.30 bis 20, So 11–13.30, sonst Di–Sa 10 bis 14, So 11–13.30 Uhr | Eintritt 3 Euro*

PASSEIG MARÍTIM ▶▶

Geschmackvolle Küstenpromenade, flankiert von Stadtstränden und Apartmentblocks, Treffpunkt des Sommerlebens. Palmen und Olivenbäume werfen Schatten, Bänkchen und Bars laden zur Rast.

PASSEIG S'ALAMERA

Flanierpromenade, auch *Ramblas* („Allee") genannt, die sich vom Rathaus hinab ans Meer schiebt und mit Palmen und Bänken aufgemacht ist.

PUIG DE MISSA ⭐ ☀

Auf eine Höhe von 52 m steigt der Kirchhügel Puig de Missa an. Treppen führen an kalkweißen Häusern und Gartenparzellen mit Orangen- und Zitronenbäumchen vorbei, von oben schweift der Panoramablick über die Unterstadt bis zum Meer und rückwärtig ins hügelige Hinterland. Einst siedelten hier die Mauren und beteten zu Allah – bis zur Reconquista 1235, in deren Zuge die Moschee durch eine erste Kirche ersetzt wurde. Der jetzige Bau geht auf das 16.–18. Jh. zurück und trägt den Charakter einer Wehrkirche. Hinter den dicken Mauern fanden die Bewohner bei Piratenattacken Zuflucht, von Steinwällen aus nahm man die Feinde unter Beschuss. Der überdachte Vorhof mit seinen kalkweißen Arkaden zählt zu den schönsten der Insel,

>LOW BUDGET

> Auf dem Puig de Missa über Santa Eulària geht es unterhalb der Kirche kostenlos in das kleine, aber feine Kunstmuseum *Laureano Barrau (Di bis Sa 9.30–13.30 Uhr)*. Der aus Barcelona stammende Maler Barrau (1863–1957) verbrachte Jahrzehnte auf Ibiza, wo er ländliche Szenen und Landschaftsansichten festhielt.

> Der Campingplatz *Cala Nova* liegt bei Es Canar und öffnet Mai bis Oktober. Neben normale Zeltparzellen werden zu erschwinglichen Preisen auch hüttenartige Bungalows vermietet. Der nächste Strand, Cala Nova, liegt nur wenige Gehminuten entfernt. *Tel./Fax 971 33 17 74 | www.campingcalanova.com* (mit Online-Reservierungsformular)

> In Portinatx liegen die erschwinglichen *Portinatx Apartments,* die von maximal vier Erwachsenen bzw. Familien mit Kindern benutzt werden können. *13 Ap. | je nach Saison 50 bis 100 Euro | Cala Portinatx | Tel. 971 32 06 14 | Fax 971 32 06 99 | www.portinatxapartments.com*

Der Gottesdienst ist zu Ende: Kirchgänger auf dem Puig de Missa

im ansonsten recht nüchternen Innern reicht das Barockretabel bis ans Gewölbe heran. Wer sich für spanischen Totenkult interessiert, sollte den **Friedhof** nicht auslassen. Man streift an den verglasten Fronten der mehrstöckigen Sargeinschubfächer vorbei, schaut auf Fotos der Verblichenen. Zur Zierde dienen Kunstblumen, Keramiktöpfe und kleine Christus- und Madonnenskulpturen.

Insider Tipp

SPORTHAFEN ▶▶
Besuchermagnet der Stadt ist die Meeresfront mit ihrem Sporthafen, in den Motor- und Segelboote jeder Größe einlaufen. Lassen Sie sich von Gerüchen und Geräuschen an den Becken entlangtreiben oder genießen Sie die Stimmung – Restaurants und Bars gibt's reichlich. Im Sommer Bootsverkehr mit Es Canar.

■ ESSEN & TRINKEN ■
ATZARÓ ★
Genießern ist kein Weg zu weit, um in diesem Landhotel (ca. 5 km entfernt) zu tafeln. Kreative Küche mit internationalem und mediterranem Einschlag. Die Qualität hat allerdings ihren Preis. Auf jeden Fall reservieren! *Nov.–März geschl. | Ctra. Sant Joan | km 15 (ausgeschilderter Abzweig) | Tel. 971 33 88 38 | www.atzaro.com | €€€*

CA NA RIBES
Die Tradition reicht bis 1926 zurück. Gepflegte Küche, Spezialitäten: die Reisgerichte. Das Restaurant zeigt zu zwei Straßen hinaus. *Nur Mai–Okt., Mi geschl. | C/. de Sant Jaume 67 C/. de Sant Vicent 36 | Tel. 971 33 12 80 | €€*

CENTRAL
Schmackhafte Küche, u.a. mit Filetspieß, Seehecht, Seeteufel in Cava-Safran-Sauce und Spaghetti mit Gambas. *Nur abends | C/. de Sant Vicent, 24 | Tel. 971 33 00 43 | €–€€*

■ EINKAUFEN ■
Merken Sie sich für Ihren Bummel den lang gestreckten *Carrer de Sant Jaume*, den *Passeig S'Alamera* und

den *Carrer de Sant Vicent* vor. Mode-auswahl finden Sie im *Centre Comercial Art*, einem Geschäftszentrum am *C/. de M. Riquer Wallis*.

▪ ÜBERNACHTEN ▪

AGUAS DE IBIZA 🔊

Insider Tipp

Fünf-Sterne-Komfort am Stadtrand mit Durchgang zur Promenade, Pool-bereich mit Wiese und Palmen. Schöne Dachterrasse mit der Sommerbar *Air Ibiza* und Blick auf den Yacht-hafen und den Puig de Missa; im Erdgeschoss hervorragendes Restaurant. Das Design ist recht kühl ge-halten und doch harmonisch. *112 Zi. | ganzjährig | C/. Salvador Camacho, s/n | Urbanización La Siesta | Tel. 971 31 99 91 | Fax 971 31 98 60 | www.aguasdeibiza.com | €€€*

ATZARÓ 🔊

Ein für Ibiza komplett atypisches Landhotel: Obgleich in Orangenhaine und exotische Gartenanlagen gefasst, herrscht hier oft Highlife statt be-schaulicher Ruhe – die offene *Music Art Lounge* und das frequentierte Gourmetrestaurant machen es mög-lich. Exzellenter kleiner Wellness- *Insider Tipp*

❯ BÜCHER & FILME
Schauplatz Ibiza und Formentera in Wort und Bild

❯ **Flughafen Ibiza** – Überfall auf einen Geldtransporter am Flughafen, einige Euromillionen verschwinden: Span-nend geht es zu in dem Kriminal-roman von Wolfhard Klein, der seine Leser an bekannte Schauplätze auf Ibiza führt. Mit *Schwarzgeld Ibiza* liegt ein weiterer Kleinkrimi vor.

❯ **Sommernachtsmord** – Raubeiniger Schauspieler, Autor, Herzens- und Gesetzesbrecher, Ex-Knacki: Burkhard Driest, der seit einigen Jahren auf Ibiza lebt, hat viele Gesichter. In *Sommernachtsmord* ermittelt Kom-missar Toni Costa auf Ibiza, es geht um ein verschwundenes Mädchen aus einer Talentshow. Die Reihenfigur Toni Costa tritt auch in *Liebestod, Der rote Regen* und *Brennende Schuld* auf Driests Wahlheimatsinsel in Ak-tion; die Krimis sind angefüttert mit viel Lokalkolorit.

❯ **Pura Vida Ibiza – Die Mutter aller Parties** – Diesen Film (2003) von Gernot Roll, der auch bei „Ballermann 6" Regie geführt hat, werden vor allem Fans deutscher Klamauk-Komödien lieben. Im Mittelpunkt stehen drei Freunde, die in einem Clubhotel auf Ibiza als Animateure anheuern.

❯ **Undercover Ibiza** – In dieser deut-schen Low-Budget-Produktion (2007) spielt Regie-Guru Klaus Lemke gleich selbst die Hautrolle eines pensio-nierten Militärs, der auf Ibiza seinen Sohn sucht. In Wahrheit geht es dem Alten darum, die Freundinnen seines Sprösslings aufzureißen …

❯ **Lucia und der Sex** – Anspruchsvoller und ziemlich freizügig kommt dieser spanische Streifen (2001) daher, bei dem eine junge Frau, gespielt von Paz Vega, nach einer Enttäuschung auf eine Mittelmeerinsel flüchtet. Gedreht wurde an Originalschauplät-zen auf Formentera, darunter am Cap de Barbaria.

bereich mit Dampfbad und Sauna, geschmackvolle Designerpools. *24 Zi. und Suiten | Nov.–März geschl. | Ctra. Sant Joan, km 15 (ausgeschilderter Abzweig) | Tel. 971 33 88 38 | Fax 971 33 16 50 | www.atzaro.com | €€€*

DUQUESA PLAYA

Hier stehen mehrere Arten von Apartments zur Wahl, eine gute Option für Familien. Pool auf der Dachterrasse. Günstige Tarife in der Nebensaison. Strategisch gute Lage nahe Hafen und Strand. *32 Ap. | ganzjährig | C/. San Lorenzo, 16–18 | Tel. 971 31 93 37 | Fax 971 31 92 32 | www.duquesapla ya.com | €€*

MEDITERRANEO

Zwei-Sterne-Hotel, erschwinglich, schnörkellos, kleiner Pool, beliebt vor allem bei jüngerem Publikum. *60 Zi. | Mitte Okt.–Mitte Mai geschl. | C/. Pintor Vizcaí, 1 | Tel. 971 33 00 15 | Fax 971 33 19 35 | www.hotelmedi terraneoibiza.es | € –€€*

Straßencafé an der Hauptstraße

■ FREIZEIT & SPORT ■

Die große *Marina* von Santa Eulària ist Dreh- und Angelpunkt für alles, was mit Booten zu tun hat, z.B. für Ausfahrten im Glasbodenboot. Ein paar Kilometer nordöstlich liegt mit der **Tauchschule Cala Pada** ein deutschsprachiges Center für Unterwasserfreaks *(Tel. 971 33 07 55 | www.diving-ibiza.com);* für Cracks und Einsteiger führen Tauchgänge u.a. zu Höhlen, zum Wrack eines Segelschiffes in 24 m Tiefe und zum Riff von Santa Eulària. Südwestlich der Stadt, auf halbem Wege zwischen Santa Eulària und Jesús, liegt Ibizas

Insider Tipp

einziger Golfclub *(siehe Sport und Aktivitäten).*

■ STRÄNDE ■

Die Stadtstrandareale breiten sich zwischen dem Sporthafen und der einstigen Flussmündung aus, gesäumt von der Promenade mit Einkehrmöglichkeiten. Richtung Es Canar/Punta Arabí steuern junge Leute die *Cala Pada* und die *Platja de S'Argamassa* an.

■ AM ABEND ■

In puncto Nightlife kann und will es Santa Eulària nicht mit Eivissa oder Sant Antoni aufnehmen; hier herrscht ein vergleichsweise gesetztes Ambiente. Heiß geht es hingegen am Hafen im Diskopub *Guaraná* zu (Livemusik, DJs); eine Alternative ist die Bar *Mi Caribe*.

■ AUSKUNFT ■

OFICINA D'INFORMACIÓ TURÍSTICA
C/. de M. Riquer Wallis, 4 | Tel./Fax 971 33 07 28 | www.santaeulalia.net

■ ZIEL IN DER UMGEBUNG ■

CALA LLONGA [121 D5]
Tiefe Bucht, guter Sandstrand, angenehmer Einstieg ins Meer, daher meist gut gefüllt. Hier fügen sich Hotel- und Apartmentblocks mehr schlecht als recht in die Landschaft, hier kommen Wasserratten auf ihre Kosten.

SANT CARLES

[121 E3] Das freundliche Ortsbild legt sich rund um die Kirche; in Sant Carles (500 Ew.) liegt alles auf engstem Raum: Bars, Banken, Supermarkt, Apotheke.
Neben der Kirche plätschert ein von Palmen umstandenes Minibassin, Bänkchen laden zum Verweilen ein. Eine Runde ums Gotteshaus führt Sie auf einen Orangenbaumplatz und in die winzige Fußgängerzone, die man geschmackvoll mit Pflanzenkübeln ausstaffiert hat. Sant Carles dient als Sprungbrett zu etlichen Stränden.

■ SEHENSWERTES ■

ESGLÉSIA DE SANT CARLES
Ortskirche, deren Bau Ende des 18. Jhs. von Bischof Abad y Lasierra in Auftrag gegeben wurde. Am Eingang ein kleines Weihwasserbecken in Muschelform, im Altarbereich eine Skulptur des hl. Karl Borromäus, typisch dargestellt mit erhobenem Kreuz. Abends erstrahlt die Kirche in warmem, orangefarbenem Licht.

■ ESSEN & TRINKEN ■

ANITA *Inside Tipp*
Legendäre Bar, die noch heute als jene verehrt wird, in der zu Urhippiezeiten alles anfing. Hier trifft man sich zum Plausch, auf ein Omelett, auf einen Salat. *Tgl. | An der Durchgangsstraße | Tel. 971 33 50 90 | €*

■ EINKAUFEN ■

LAS DALIAS
Südlich gelegener Hippiemarkt, der das ganze Jahr über immer samstags im Garten des gleichnamigen Restaurants abgehalten wird.

■ ÜBERNACHTEN ■

CAN CURREU 🔊
Das nahe Landhotel bürgt für Komfort und Eleganz, das angeschlossene Restaurant *(tgl.)* für Genuss auf hohem Niveau. *Ctra. Sant Carles, km 12 ((ausgewiesener Abzweig bei Las Dalias) | Tel./Fax 9 71 33 52 80 | www.cancurreu.com | €€€*

■ ZIELE IN DER UMGEBUNG ■

BUCHTEN UND STRÄNDE
Von Sant Carles geht es zur wenige Kilometer südöstlich gelegenen ⭐ *Cala Llenya* [121 E4], einem echten Strand-Höhepunkt. Hinter dem Kiefernforst breiten sich feinsandige Flächen mit reichlich Liegeplätzchen aus.
Weiter südlich führt ein Stichsträßchen an die ansehnliche, sandige *Cala Nova* [121 E4]. Urwüchsiger und einsamer wird es an der Küste nördlich

Tipp

der Cala Llenya, wo Sie mit der *Cala Mastella* [121 E3] eine malerische kleine Sandbucht erwartet. Die Küstenlandschaft ist wild zerfranst. In traumhaften Felsrahmen eingefasst ist die *Cala Boix* [121 F3], eine kleine Bucht mit dunklem Sand, zu der eine Treppe hinabführt. In der Strandbar können Sie es sich ebenso gut gehen lassen wie in mehreren nahen Saisonrestaurants. Die kleine *Platja Es Pou des Lleó* [121 F3] schließt das Strandensemble ab – schön der Blick auf die vorgelagerte Insel Tagomago.

Weiter nördlich geht es an der Küstenlinie an die *Platja des Figueral* [121 E2] heran, einen beliebten Familienstrand. Ein Abstecher führt zur *Platja S'Aigua Blanca* [121 E2], wo Sie ein Miteinander aus Klippen und Nacktbadestrand erwartet. Achtung, die Zufahrt ist sehr steil, gehen Sie besser zu Fuß hinunter.

CALA DE SANT VICENT ★ [121 F2]

Nordöstlichster Küstenort (300 Ew.), der sich durch seinen schönen, breiten Sandstrand auszeichnet. Zum Ortsbild gehören Bootsschuppen und Felsenflanken. Hier kommen Wassersportler auf ihre Kosten, hier können Sie Schnorchel und Maske austesten. Weniger reizvoll ist die Küstenbebauung u.a. mit dem klobigen Hotelkasten *Cala de San Vicente* (📶 | 117 Zi. | Nov.–Anfang Mai geschl. | Tel. 971 32 01 21 | Fax 971 32 01 12 | www.grupotel.com | €€). Cala de Sant Vicent liegt 6 km nordöstlich von Sant Carles und lässt sich gut mit einem Schlenker nach *Sant Vicent de sa Cala* [121 E2] kombinieren. Das kleine Inlandsdorf (300 Ew.) liegt ein paar Kilometer westlich von Cala de Sant Vicent, den Ortsmittelpunkt bildet die Kirche aus dem 19. Jh.

Noch liegt der Strand in der Cala de Sant Vicent verlassen da ...

> FRIEDENSINSEL IM MITTELMEER

Kristallklares Wasser, Felsenbuchten, sandige Weiten – der Stoff,
aus dem seit Hippiezeiten die Urlaubsträume sind

> „Als Kinder", erzählt Carmen, die auf Formentera aufgewachsen ist, „sind wir einfach mit den Hippies losgezogen. Meine Mutter hatte meist ein Picknick vorbereitet, dann ging's mit dem Esel und dem Karren los. Damals war selbst im Hochsommer am Illetes-Strand fast niemand zu sehen!"

Das ist heute unvorstellbar – und dabei ist es noch gar nicht so lange her, denn Carmen scheint noch nicht in dem Alter angelangt, in dem bereits die Rente winkt. Auf der Insel darf sie sich guten Gewissens als Besonderheit fühlen, denn unter den etwa 8000 ständigen Bewohnern gehört sie zu den waschechten Einheimischen – obwohl sie auf Ibiza geboren wurde. Warum Letzteres? „Ganz einfach", sagt sie, „dort war die nächste Entbindungsstation." Heute verfügt Formentera längst über ein eigenes Krankenhaus, hat vermeintlich Versäumtes mit Siebenmeilenstiefeln aufgeholt –

Bild: Platja de Llevant und Platja de ses Illetes im Norden Formenteras

FORMENTERA

und ist in vielerlei Hinsicht doch die Alte geblieben. Auf 82 km² bleibt weder Platz für einen Flughafen noch für große Städte – daher rührt das häufig benutzte Prädikat von der „Friedensinsel". Der neueste touristische Slogan lautet: „Das letzte Paradies".

Ob Blumenkinder von damals oder Besucher von heute, sie alle ließen und lassen sich in den Schoß dieser Mittelmeerinsel fallen. Überall ge-

nießt man die Reize einer abwechslungsreichen Landschaft: feinsandige Strände, schattige Kiefernhaine, raue Felsbuchten, von Höhlen durchlöcherte Klippen, die Binnenseen Estany Pudent und Estany des Peix, die Salinen, das kristallklare Meerwasser. Was nicht heißt, dass Formentera einzig ein Hort für Naturseelen oder Romantiker wäre! Im Sommer genießen Treffs wie die *Blue Bar* einen guten Ruf, und manche Strände mu-

ES PUJOLS

Abendliche Partystimmung an der Strandpromenade von Es Pujols

tieren zu improvisierten Tanzflächen. In der Hochsaison wird aus der Fahrrad- vielerorts eine Motorrollerinsel, die sehr viele italienische Gäste anlockt. Man muss sich darauf einstellen, dass die meisten Unterkünfte im Juli/August unverhältnismäßig teuer sind.

Überall auf Formentera sind die Entfernungen und die Höhen gering. Gerade 17 km trennen den Hafenort Sa Savina im Nordwesten von El Pilar de la Mola im Osten, auf der Hochebene La Mola markiert der 192 m hohe Sa Talaiassa das höchste aller Inselgefühle. Hauptstadt ist Sant Francesc, das größte Ausgeh- und Restaurantpotenzial bietet Es Pujols. Hotel- und Apartmentanlagen kommen moderat daher, die einzigen Megakästen liegen im Südosten. Sympathisch hinterwäldlerisch wird es streckenweise im Inland. Staubige Pisten streifen Bruchsteinmauern oder enden unverhofft vor einsamen Anwesen. Hier kommt Formentera-Feeling wie zu besten Blumenkinderzeiten auf – zumindest außerhalb der Hochsaison …

ES PUJOLS

[124 C4] Formenteras Ferienzentrum (1000 Ew.) mit eigenem Strand und einer geschmackvoll aufbereiteten Meerespromenade, an der sich reichlich Einkehrtempel aufreihen und die immer wieder Schauplatz von Freiluftmärkten ist. Unternehmungslustige finden lohnende Ziele in der Nähe: den Seewanderweg am *Estany Pudent* oder weitere Strände wie *Llevant* und *Illetes*. Eher verzichtbar ist ein Abstecher zur *Torre de Punta Prima*, einem Wehrturm aus dem 18. Jh., den Sie bereits von der Meeresfront aus sehen; Anfahrt und Zugang sind recht kompliziert, die ein wenig zu gut gemeinte Restaurierung hat dem klobigen Riesen seine Ursprünglichkeit geraubt.

Unterkunft in Es Pujols bieten eine ganze Reihe von Hotels, Gasthäusern und Appartementblocks. Während der Saison erwachen auch Auto-, Vespa- und Radverleiher zu Leben.

■ ESSEN & TRINKEN

LUZIUS

Dies ist das letzte Restaurant an der Meerespromenade, bevor der Plankensteg in Richtung der nördlichen Strände beginnt. Salate, Meeresfrüchte-Spaghetti, Lamm, diverse Fischgerichte mit kleinen Raffinessen. *Mai bis Okt. tgl. | Passeig Marítim/C/. Fonnol Mari | Tel. 971 32 84 17 | €€*

■ ÜBERNACHTEN

ROCA BELLA 🔊

Flachbaukomplex auf einer felsigen Landzunge, ein paar Hundert Meter vom Ortsrand und nur zwei Gehminuten vom Strand entfernt. Mit kleinem Pool, nur Ende April/Anfang Mai bis Mitte/Ende Okt. geöffnet. *76 Zi. | Platja d'es Pujols | Tel. 971 32 80 19 | Fax 971 32 80 02 | www.roca-bella.com | €€– €€€*

SA VOLTA

Dieses Hostal im Ortskern überrascht mit seinem kleinen Pool und den Liegeflächen auf der Dachterrasse. Einfache, saubere Zimmer mit Balkonen; buchen Sie wegen der vorbeiführenden Straße ein Zimmer am besten im dritten Stock! Im Unterbereich Restaurant/Cafeteria. Preise inklusive Frühstück. *25 Zi. | Jan./Feb. geschl. | C/. Miramar, 94 | Tel. 971 32 81 25 | Fax 971 32 82 28 | €€*

■ FREIZEIT & SPORT

Wasseraktivitäten (Katamaran, Kanu, Windsurfen) während der Saison im *Centro Wet Four Fun (Platja d'es Pujols | Tel./Fax 971 32 18 09, Handy 609 76 60 84 | www.wet4fun.com).*

■ STRÄNDE

Bezieht man die Küstenabschnitte bis hinauf zur etwa 3 km entfernten *Platja de Llevant* mit ein, schöpft Es Pujols strandmäßig aus dem Vollen. Zunächst einmal dehnt sich der angenehme, sandige Hausstrand, die *Platja d'es Pujols*, nordwestwärts an die

MARCO POLO HIGHLIGHTS

★ Platja de Llevant
Ein sandiger Traum an der Nordostspitze der Insel (Seite 82)

★ Camí de Sa Pujada
Traumaussicht auf dem Wanderweg zwischen Küsten- und Hochebene (Seite 82)

★ La Mola
Hochebene mit Leuchtturm, schönen Ausblicken, Kunsthandwerkermarkt (Seite 83)

★ Platja de Mitjorn
Felsen, Dünen, Sand und dazu beliebte Beachtreffs wie die Blue Bar (Seite 85)

★ Cap de Barbaria
Rau, faszinierend: die Küstengegend um Formenteras südliches Kap (Seite 88)

★ Platja des ses Illetes
Hier zeigt sich die Insel von ihren sandigen Schokoladenseiten (Seite 90)

Felsenlandzunge mit dem Hotel *Roca Bella* heran. Wer schattenlose Märsche nicht scheut, sollte von dort aus **den Küstenstreifen weiter zu Fuß erkunden** – es lohnt sich! Nachdem Sie hinter dem Hotel eine kleine, felsenflankierte Bucht mit Fischerbootsschuppen rechts liegen gelassen haben, erreichen Sie weitere kleine Strandabschnitte. Mal führen Holzplankenstege an den Dünen vorbei, mal gehen Sie an der felsig zergliederten Küste ein Stück durch Sand. Der Weg, immer parallel zur Küste, ist nicht zu verfehlen. Suchen Sie sich ein romantisches Plätzchen zwischen den Felsen oder an einer der winzigen Buchten. Am Ende eröffnen sich die Sandweiten der ⭐ *Platja de Llevant*, das Ziel der Strandfans und Sonnenanbeter, vor allem der Hüllenlosen – hier tummeln sich FKK-Anhänger. Landeinwärts verläuft ein breiter Dünengürtel in Richtung der Salinen, Treffpunkt vieler ist das große Strandrestaurant *Tanga (Mai–Okt. | Tel. 971 18 79 05 | €€)*. Bis zum davor gelegenen Parkplatz ist eine Anfahrt an die Platja de Llevant möglich.

Insider Tipp

■ AM ABEND

Im Zentrum konzentriert sich die Vergnügungszone auf den *Carrer Roca Plana*, an dem man im Sommer kaum ein Durchkommen findet. Musik und kühle Drinks im *Pachanka* (nicht billig!), eine Alternative ist nebenan die *Coyote Bar (www.coyoteformentera.com)*.

■ ZIELE IN DER UMGEBUNG ■

CAMÍ DE SA PUJADA ⭐ [125 D5]

Traumhaft, aber anstrengend – auf 1,5 km Länge überbrückt der „grüne Weg" *Camí de Sa Pujada* die Höhendifferenz zwischen Formenteras Küsten- und Hochebene. Wählen Sie am besten das obere Ende als Einstieg, da Sie Ihr Gefährt auf dem steinig-staubigen Parkplatz an der Hauptstraße abstellen können. Folgen Sie dem ausgeschilderten Wanderweg abwärts durch Kiefernforst, steigern Sie Ihre Vorfreude mit jedem Schritt hinab – denn bald erwarten Sie ❈ Panoramatrassen, die bei klarer Sicht kaum etwas aussparen! Herrliche Blicke schweifen über die blau bis türkis schimmernden Wasserflächen und über weite Teile der Insel hinweg. Hier bekommen Sie eine kostenlose Lektion in Inselgeografie, sehen, wie sich Formentera in der Mitte zusammenzieht und zwischen Cap de Barbaria und Punta Prima verbreitert. Im fernen Hintergrund machen Sie deutlich die Silhouette Ibizas aus. Der spätere Aufstieg zurück zum Parkplatz wird Sie manche Schweißperle kosten. Den Parkplatz am oberen Einstieg des *Camí de Sa Pujada* finden Sie nahe Kilometerstein 15 zwischen Es Caló de Sant Agustí und El Pilar de la Mola, von der kurvigen Küstenauffahrt her auf der linken Seite.

CAMÍ DE S'ESTANY [124 B–C4]

Der Seerandweg an den Süd- und Westflanken des Estany Pudent ist für Radler, Wanderer und Jogger geeignet. Schatten werden Sie allerdings vergeblich suchen! Den ausgeschilderten Einstieg finden Sie am westlichen Ortsrand von Es Pujols, direkt an der Durchgangsstraße Richtung Sa Savina. Länge für die einfache Strecke bis zum Hafen von Sa Savina: ca.

5 km. Die Tour ist im übrigen Bestandteil einer im Kapitel „Ausflüge & Touren" vorgestellten Wanderung.

Zu Beginn fällt der Erdweg sanft ans Seeufer ab und zieht sich fortan mal näher, mal weiter am Estany Pudent, dem „Stinkenden See", entlang. Kein fauler Schwindel ist, dass Formenteras Binnenmeer an heißen

Salinen. Wer Sa Savina noch nicht richtig kennt, sollte die Tour bis zum Hafen oder an die Ufer des benachbarten *Estany des Peix* ausdehnen; Rückkehr auf derselben Strecke.

CAN NA COSTA [124 C4]

Megalithische Grabstätte, etwa 1 km nordwestlich von Es Pujols und erst

Mode, Schmuck, Accessoires: Kunsthandwerkermarkt in El Pilar de la Mola

Tagen seinem Namen alle Ehre macht; mit Glück bleibt's jedoch geruchsfrei. Während sich in Ihrem Rücken die kleine Appartementfront von Es Pujols aufwirft, bleibt der Blick voraus unverbaut. Mit scharfem Auge (besser mit Fernglas) machen Sie Möwen und andere Seevögel aus. Büsche und Blumen säumen den Pfad, Halme und Gräser rascheln im Wind, gelegentlich huscht eine Eidechse unter die Steine. Später künden Steinmäuerchen und kalkweiße Villen die nahende Zivilisation in Form von Sa Savina an; am Ende des *Camí* schauen Sie rechts auf die

in den Siebzigerjahren freigelegt. Die hier gefundenen Knochenreste stammten von sechs Männern und zwei Frauen aus der Zeit zwischen ca. 1900 und 1600 v. Chr. *Besichtigung nur von außen möglich*

EL PILAR DE LA MOLA [125 E5]

Hauptort (400 Ew.) der Hochebene ⭐ *La Mola*, die seit ehedem in ständiger Rivalität zum Rest Formenteras steht. Für viele Insulaner markieren die knapp 200 Höhenmeter einen gewaltigen Schnitt zu „denen da oben". An der Ortsdurchgangsstraße reiht sich alles Wichtige auf: ein paar

ES PUJOLS

Geschäfte und Cafés, die kalkweiße Kirche (18./19. Jh.) und das Gelände des von Mai bis Ende Sept./Anfang Okt. immer So und Mi stattfindenden Kunsthandwerkermarkts. An den Ständen bietet man Schmuck, Kleider und alle möglichen Kunsterzeugnisse feil, Rahmenprogramme bieten Musik und kleine Straßenshows. Ein weiterer guter Besuchsgrund ist das ebenfalls an der Hauptstraße gelegene Restaurante **Pequeña Isla** *(Nov.–April geschl., Juli–Sept. tgl., sonst Mo geschl. | Tel. 971 32 70 68 | www.pequenaisla. com | €€–€€€)*. Hier tischt man Ihnen vorzügliche typische Inselgerichte auf, die sich auch viele Einheimische nicht entgehen lassen.

Insider Tipp

Rund um El Pilar de la Mola finden Wanderer einige „grüne Wege" durch ländliches Gebiet. Zur Hochebene La Mola gehören winzige Weinbauflächen, die am Ortsrand von El Pilar 1778 erbaute Windmühle *(Molí Vell de la Mola)* sowie der *Far de la Mola*, ein 2,5 km entfernter Leuchtturm, den man bereits an der Ortsausfahrt aus El Pilar de la Mola erkennt und der das Ende des Inselostens markiert. Hier fallen die Klippen über 100 m tief ab,

hier nehmen Sie ✵ traumhafte Blicke über die See in sich auf. Am Parkplatz vor dem Leuchtturm erinnert ein Monument an den berühmten Science-Fiction-Autor Jules Verne (1828–1905), der die schroffe Gegend in seinem Roman „Reise durch das Sonnensystem" als Schauplatz verarbeitet hat.

ES CALÓ DE SANT AGUSTÍ [125 D5]

Es Caló de Sant Agustí (200 Ew.) liegt an der Hauptstraße von Sant Francesc nach El Pilar und ist das letzte Örtchen in der Ebene, bevor die Straße kurvenreich zur Hochebene La Mola aufsteigt. Die gut ausgebaute Hauptstraße zieht sich lang gestreckt in die Weite, unterwegs führen Stichwege an die *Platja de Mitjorn*. Ein kurzer, ausgeschilderter Abzweig führt zum *Castellum Romà*, dem spärlichenRuinenareal einer Verteidigungsanlage aus spätrömischer Epoche (3. Jh. n. Chr.); an den Seiten der umgitterten quadratischen Struktur (40 x 40 m) sind Turmfundamente zu sehen.

Fischliebhaber schnalzen mit der Zunge, wenn sie von Es Caló de Sant

Ein Strand wie aus dem Bilderbuch: Platja de Mitjorn an Formenteras Südküste

Agustí hören. Hier schwören sie auf das fangfrisch zubereitete Meeresgetier, vor allem im Restaurant *Ca'n Rafalet*, wo es die schönen Küstenaussichten von der ❄ Terrasse als Beigabe gibt *(Nov.–Ostern geschl., sonst tgl. | Tel. 971 32 70 77 | €€)*. Doch auch ohne kulinarische Absichten lohnt sich ein Stopp. Wer die Minibucht mit den Fischerbootsschuppen umrundet, gerät auf den Holzweg – aber einen der guten Art! ==Der Plankenpfad zieht sich ein Stück durch die Dünen und führt an *Ses Platgetes* heran,== die „Strändchen", ein Miteinander aus winzigen Buchten und Sandabschnitten. *8 km südöstlich von Es Pujols*

PLATJA DE MITJORN ⭐ [124–125 C–D5]

Kilometerlanger Strand im Süden der Insel, unterbrochen von diversen Felsabschnitten und Buchten, im Rücken Dünen oder Kiefernwälder. Ab der Hauptstraße Sant Ferràn–El Pilar de la Mola führen immer wieder Abzweige (teils staubig, steinig und schlaglochdurchsetzt!) zu Restaurants, Bartreffs und Hotels an der *Platja de Mitjorn*, die mitunter auch *Migjorn* geschrieben wird. Gelegentlich müssen Sie mit angespültem Seegras rechnen, außerdem ist beim Baden wegen möglicher Strömungen Vorsicht angebracht. Hier können Sie sich im Adams- und Evaskostüm den Strandfreuden hingeben, sich ein Plätzchen zwischen Felsenzungen oder natürlich in einem legendären Beachtempel wie der *Blue Bar* suchen – am besten bei Sonnenuntergang und einem Cocktail! Am Abend geht die Partypost mit Musik und Tanz und

Über dem Meer thront der Leuchtturm Far de la Mola an der Punta de sa Ruda

Events jeder Art ab *(www.bluebar formentera.com)*. Ebenfalls angesagt ist der Beachclub Gecko *(Ca Marí | Tel. 971 32 80 24 | www.geckobeach club.com)*.

Nahe der südöstlichsten Strandausläufer (auch bekannt als *Platja d'es Copinar*) liegen zwei Großanlagen, die ihre Pforten von Mai bis Oktober öffnen: das Vier-Sterne-Hotel 🔊 *Riu La Mola* mit entsprechendem Komfort, Sport- und Animationsangebot

▶LOW BUDGET

> Fahrräder zu leihen ist recht günstig auf Formentera. Die preiswertesten Modelle (ohne Gangschaltung) beginnen bei 6 Euro/Tag (26 Euro/ Woche), Räder mit Gangschaltung bei 8 bzw. 34 Euro und Mountainbikes bei 10 bzw. 40 Euro. Verleih u. a. bei *Moto Rent Mitjorn* am Hafen von Sa Savina *(Tel. 971 32 23 06 | www.motorent mitjorn.com)* und bei *Moto Rent Pujols (Filialen u. a. in Es Pujols und am Hafen | Tel. 971 32 21 38 | www. motorentpujols.com)*. Am besten, Sie besorgen sich im Fremdenverkehrsbüro am Hafen von Sa Savina eine Übersichtskarte mit Radstrecken; der kostenlose „Führer der Radwandertouren auf Formentera" ist leider nicht immer vorrätig.

> Wer am äußersten Südostende der Platja de Mitjorn (nahe dem Clubhotel *Formentera Playa*) den nahen Wegen über die Felsen folgt, wird nicht nur mit herrlichen Aussichten belohnt. An der kleinen Caló des Mort liegt mit dem *Chiringuito de Bartolo* die letzte wahre Strandbude der Insel *(kleine Mahlzeiten, Drinks)*.

(328 Zi. | Tel. 971 32 70 00 | Fax 971 32 70 01 | www.riu.com | €€€) sowie der unter Familien beliebte Insotel-Club 🔊 *Mar y Land* mit Bungalows, die für bis zu vier Personen ausgestattet sind. *(325 Einheiten | Tel. 971 32 70 70 | Fax 971 32 71 45 | www.insotelhotelgroup.com | €€€)*. Ebenfalls zur Insotel-Gruppe gehört der Vier-Sterne-Kasten *Club Formentera Playa*, der sich im nordwestlichen Strandteil ans Meer schiebt *(333 Zi. | Tel. 971 32 80 00 | Fax 971 32 80 35 | www.insotelhotel group.com | €€€)*. Tauchtrips über den *Centro de Buceo La Mola (Tel./ Fax 971 32 72 75 | www.tauchen-la mola.de)* am Riu-Hotel *La Mola (Mai–Okt.)*.

SANT FRANCESC

[124 B4] **Passend zu Formentera zeigt sich die Hauptstadt Sant Francesc (auch: Sant Francesc Xavier oder Sant Francesc de Formentera; 2000 Ew.) in jederlei Hinsicht beschaulich. Wegen seiner Lage im Inland trägt das Städtchen nicht den Charakter eines Touristenzentrums.** Es ist eher die Wohn- und Einkaufsstadt der Insulaner, die hier Behördengänge erledigen, zur Post oder in die Bibliothek gehen. Oder in die Bars ... Im Zentrum breitet sich die mit Palmen aufgemachte *Plaça de sa Constitució* aus, an der auch die Kirche und das Rathaus liegen. Unterhalb des Platzes fließt die Fußgängerzone *Carrer de Jaume I* ab, an der sich einige Läden aufreihen. Dort befindet sich auch ein kleines Volkskundemuseum *(Museu d'Etnografia | Sa-Nachm. und So* *geschl.).* Dann endet die Fußgänger-zone genauso schnell, wie sie begonnen hat.

SEHENSWERTES

ESGLÉSIA DE SANT FRANCESC XAVIER

Festungsartiger Kirchenbau mit kleinem Glocken- und Kreuzaufsatz, 1726–38 erbaut. Das Gotteshaus ist dem hl. Franz Xaver geweiht, dem großen Jesuitenmissionar des Fernen Ostens. Abends wird die Kirche zumeist angestrahlt. *Pl. de sa Constitució*

ESSEN & TRINKEN

PA I VI

Unter Einheimischen beliebt, vor allem der Vorbereich der Bar. Recht preisgünstiges Mittagsmenü, à la carte Spießchen, Lamm. *Im Winter Mo–Abend, im Sommer So–Abend geschl. | C/. Antoni Blanc | Tel. 971 32 33 23 | €*

ÜBERNACHTEN

CASA RAFAL

Einfach und günstig: die Zimmer in diesem Gasthaus *(Casa de Huéspedes)* im Ortskern nahe der Kirche. Angeschlossen ist ein Restaurant mit ebenfalls gutem Preis-Leistungs-Verhältnis. Alle Zimmer mit Bad, Frühstück inklusive. *16 Zi. | Weihnachten und Jan. geschl. | C/. Isidoro Macabich, 12 | Tel./Fax 971 32 22 05 | €*

ZIELE IN DER UMGEBUNG

CALA SAONA   [124 B5]

Beliebte und isoliert gelegene Badebucht im Inselwesten mit Sandstrand, Felsenflanken und Fischerbootsschuppen. Das Zubringersträßchen führt durch dünn besiedeltes Gebiet. Mit ins Bild gehören Kiefern und Steinmauern. Im Sommer zeigt sich das Meer in seinen verführerischsten Farben; während der kühleren Jahreszeit ist der Strand nicht selten von

Trachtenpuppe im Museu d'Etnografia

vertrocknetem Seegras übersät. Am Abgang zum Strand wirft sich das Hotel *Cala Saona* auf, ein breiter Drei-Sterne-Kasten mit Pool *(* | *Nov.–April geschl. | 116 Zi. Tel. 971 322030 | Fax 971 32 25 09 | www. hotelcalasaona.com | €€€).6 km südwestlich von Sant Francesc (ausgeschilderter Rechtsabzweig an der Straße Richtung Cap de Barbaria)*

SANT FRANCESC

CAP DE BARBARIA ⭐ ☀ [124 B6]

Südlichster Zipfel Formenteras mit einer spektakulären Felsenküste und einem Leuchtturm, der sich aus einem weitläufigen kleinen Mauerverbund erhebt. Ein **idealer Platz für die Sonnenuntergangsstimmung** ! Allein die Anfahrt zum schroffen *Kap Barbaria* lohnt den Weg. Südlich von Sant Francesc zieht sich die Straße an Feldern und Kiefernhainen vorbei, am Wege liegen – sorgsam umzäunt – dürftige Megalithreste aus dem 2. vorchristlichen Jahrtausend. Allmählich ebbt die Besiedlung ab, ehe sich die Asphaltader durch die steindurchsetzte Weite der Hochebene *Pla del Rei* zieht. Ganz am Ende ragt der Leuchtturm, der *Far des Cap de Barbaria*, wie ein einsamer Wächter aus der kargen Landschaft. Die Felsenküste ist als Habitat wie geschaffen für den Balearen-Sturmtaucher (*puffinus mauretanicus*), einen Seevogel, der sich einzig auf den Balearen fortpflanzt; im Sommer zieht er in

Insider Tipp

kühlere Gebiete und kommt ab September auf die Inseln zurück. Ansonsten erheben über der Küste Falken, Korallen- und Weißkopfmöwen ihre Schwingen.

Um den Leuchtturm schweifen die Blicke über die See, aus den bis zu 80 m unter Ihnen liegenden Tiefen dringt das Geräusch des Wellenschlags herauf – genießen Sie alles mit Vorsicht, denn an den Felsabstürzen geht es ungeschützt abwärts! Ein Schild weist den Weg zur nordöstlich gelegenen *Torre des Cap de Barbaria* (auch: *Torre des Garroveret*), einem gedrungenen Wachturm aus dem 18. Jh., knapp zehn Gehminuten vom Parkplatz entfernt. *9 km südlich von Sant Francesc*

SANT FERRÀN DE SES ROQUES [124 C4]

Ort (600 Ew.) mit sagenumwobener Hippievergangenheit. Dazu gehörte die Gründung der *Fonda Pepe,* eines soziokulturellen Kneipentreffs, der im Ortskern die Zeiten bis heute

Sportboote in Formenteras Hafen Sa Savina

überdauert hat. Ansonsten hält sich die Zugkraft Sant Ferràns in Grenzen, beschränkt sich auf den *Carrer Major* und den freundlichen Platz vor der schlichten Kirche (Ende 19. Jh.). An der Hauptstraße Sant Francesc–La Mola liegt das gut geführte Hostal *Illes Pitiüses (24 Zi. | Tel. 971 32 81 89 | Fax 971 32 80 17 | www.illespitiu ses.com | €€)*, wo Sie ein ruhigeres Zimmer nach hinten hinaus nehmen sollten; ganzjährig geöffnet, Preise inklusive Frühstück, mit Restaurant. *2,5 km östlich von Sant Francesc*

SA SAVINA

[124 B4] **Den Inseleinstieg für alle Besucher bildet Port de sa Savina mit regem Bootsverkehr hinüber nach Ibiza, dessen Hügelrücken in der Ferne im Blickfeld bleiben.** Der Hafen ist recht weit ausgeufert und schluckt die Flut der Fahrzeug- und Personenfähren, der Segel-, Fischer- und Motorboote. Rundherum reiht sich in geschäftigem Sommertreiben alles Überlebensnotwendige auf: Cafés, Restaurants, Bars sowie Rad-, Vespa- und Autoverleiher. Der Ort selbst ist klein (500 Ew.), dehnt sich aber überraschend weit ins Inland aus. Im Südwesten stößt er an den *Estany des Peix* mit seinen vielen dümpelnden Bötchen, im Südosten an einige Salinen. Der große *Estany Pudent* liegt zum Greifen nah und ist nach höchstens zehn Minuten problemlos zu Fuß erreichbar.

Länger dauert der Marsch an die rund 3 km nordöstlich gelegene *Platja de ses Illetes*, einen traumhaften Inselstrand. Wer sich fit fühlt und als Tagesausflügler ab Ibiza gute Strand-

und Inselimpressionen sammeln will, braucht sich nicht einmal ein Rad oder Auto zu mieten! Auch zum zweiten Traumstrand, der *Platja de Llevant*, können Sie ab Sa Savina marschieren; siehe Wandertour im Kapitel „Ausflüge & Touren".

■ ESSEN & TRINKEN ■

BELLAVISTA

Anständige Küche, Plätze auf der Terrasse oder drinnen hinter den großen Fensterfronten. Menü mittags und abends. Zu den Spezialitäten zählen diverse Reis- und Fischgerichte. Im angrenzenden Barbereich sieht man so manche Einheimische schon morgens um neun ihre Cognacs kippen. *Tgl. Port de sa Savina | Tel. 971 32 22 36 | € €€*

■ ÜBERNACHTEN ■

BAHÍA

Hostal von solider Qualität im Hafenbereich – hier steckt man mittendrin im Geschehen! Alle Zimmer mit Bad. Sollte es hier zu voll sein, ist das benachbarte Hostal *Bellavista* eine gute Alternative. *33 Zi. | Mitte Dez.–Mitte Feb. geschl. | Port de sa Savina | Tel. 971 32 21 42 | www.hba hia.com | €€*

■ FREIZEIT & SPORT ■

Der Hafen von Sa Savina öffnet sich als Tor der 1001 Möglichkeiten. Nahe der Fähranlegestaion erwartet Sie eine kleine Armada an Fahrradverleihern – und der Drahtesel ist tatsächlich ein hervorragendes Verkehrsmittel zur Erkundung der Insel! Während der Saison starten Zubringerboote vom Hafen aus zur Insel *S'Espalmador*.

Bootscharter mit *Náutica Pins (Port de sa Savina | Tel. 971 32 26 51)*. Tauchsausflüge mit *Vell Mari (Port de sa Savina | Tel. 971 32 21 05 | Fax 971 32 31 98 | www.vellmari.com)*.

■ AM ABEND

Insider Tipp

ART CAFÉ
Etwas abseits vom Hauptgeschehen gelegener Hafentreff, auch Mahlzeiten. *Port de sa Savina | Tel. 971 32 32 66*

■ AUSKUNFT

OFICINA D'INFORMACIÓ TURÍSTICA
Nahe dem Fähranleger im modernen Glasblock der Estación Marítima | Port de sa Savina | Tel. 971 32 20 57 | Fax 971 32 28 25 | www.turismoformentera.com | www.formentera.es

■ ZIELE IN DER UMGEBUNG ■

ILLA DE S'ESPALMADOR   [124 B2–3]
Formenteras nördlichster Inselspitze vorgelagertes Felseneiland, vom Festland durch den Kanal *Pas de S'Espalmador* getrennt. Im Sommer ist das Gebiet ein beliebtes Seglerrevier. Auf der Insel erhebt sich die klobige *Torre de S'Espalmador*, ein Mitte des 18. Jhs. errichteter Wachturm. Espalmador ist während der Saison mit Zubringerbooten ab Port de sa Savina erreichbar.

PLATJA DE SES ILLETES ★   [124 B3]
Top-Strandareal im äußersten Norden, das wegen seines feinen Sandes und des klaren Wassers allseits gerühmt wird. Kein Wunder, dass im Sommer zahllose Yachten vor der Küste ankern. Die Strandgebiete schirmen nach Westen hin jenen flachen Landfortsatz ab, der wie eine Nadelspitze ins Meer sticht und in Richtung der Insel Espalmador enger und felsiger wird.

Ab Sa Savina erreichen Sie die *Platja de ses Illetes* entweder motorisiert (Landstraße Richtung Es Pujols, dann links auf eine Piste), mit dem Rad oder zu Fuß (erstes Streckenstück ab dem Hafen über einen gut ausgebauten Dammweg). Motor- oder Muskelkraft trägt Sie auf dem *Camí de ses Illetes* an den alten Salzbecken vorbei, die ebenso wie die *Platja de ses Illetes*, die *Platja Es Cavall d'en Borrás* und die nahe *Platja de Llevant* zum Salinen-Naturpark gehören. Dieser *Parc Natural* streckt sich hinüber bis nach Ibiza

Insider Tipp

> NÜTZLICHE MEERESWÄLDER
Posidonia oceanica, das Neptungras

Eine untermeerische Besonderheit ist das Neptungras *Posidonia oceanica,* das häufig fälschlicherweise für Algen gehalten wird. Die küstennah wachsenden Seegräser bilden unter Wasser regelrechte Wälder und Wiesen, tragen lange Stängel und Blätter und erfüllen wichtige Funktionen im maritimen Ökosystem: Sie sorgen für Sauerstoffzufuhr, fördern die Selbstreinigung des Meeres und bieten Fischen willkommene Laichstätten. Mitunter werden die Pflanzen ans Ufer gespült und verbreiten dann herbe Gerüche. Das mag ein wenig abstoßend wirken, deutet im Grunde aber auf ein gesundes Gewässer hin.

So kann man's aushalten: Strandrestaurant an der Platja de ses Illetes

und umfasst das dazwischenliegende Meeresgebiet und die Inseln. Hier lernen Sie einen besonders schönen Teil des Naturschutzgebiets kennen, zu dem auch abgeschirmte Kiefern- und Dünenzonen gehören. Immer wieder weisen Schilder darauf hin, die fragilen Dünensysteme nicht zu betreten. Dafür locken bis zum Endpunkt am Großparkplatz einige Restaurants und Beachbars am Wege – und zwar mit aller Macht! Die alte Salzmühle dient heute als Spitzenrestaurant *Es Moli de Sal*, in dem sich so mancher Promi das Leben mit Langusten und anderem Meeresgetier versüßt (*ca. Nov.–März geschl.* | *Tel. 971 18 74 91* | *€€€*). Langjährig bewährte Anlaufpunkte sind auch *El Pirata* und *Juan y Andrea*. Als Mekka der Jugend sticht die Beachbar Big Sur hervor, zwischen Sa Savina und der Platja de ses Illetes an der *Platja Es Cavall d'en Borrás* gelegen. Hier trifft man sich (meist in italienischer Gesellschaft) im Sommer zur Sonnenuntergangsparty.

Insider Tipp

TORRE SA GAVINA
[124 B4]

Insider Tipp

Die kleine Wandertour nimmt ihren Ausgangspunkt am Picknickplatz (*Area recreativa*) *Can Marroig*; ausgeschilderte Anfahrt ab Sa Savina um die Süd- und Westufer des *Estany des Peix* und dann noch ein Stück aufwärts in den Wald (Achtung: einzelne Pistenabschnitte bedeuten mit reichlich Staub und Schlaglöchern eine kleine Herausforderung!). Am Picknickgelände, das schön in Kiefern und Wacholder eingefasst ist, weist ein Schild zur knapp 2 km südwestlich gelegenen *Torre Sa Gavina*. Der wulstige Verteidigungsturm (18. Jh.) sitzt der gleichnamigen Landzunge auf, von der Sie schöne Blicke hinüber nach Ibiza haben. Pfosten mit Pfeilen weisen Ihnen den Weg durch Strauch- und Baumland, Lebensraum zahlreicher Eidechsen. Allerdings ist die Beschilderung nicht überall einwandfrei, was auch für das letzte Teilstück der Anfahrt zum Picknickareal selbst gilt; eine Tour für Entdecker eben!

> EINSAME DÖRFER, STRÄNDE UND SALINEN

Mit dem Auto durchs Hinterland, zu Fuß in die Natur

Die Touren sind auf dem hinteren Umschlag und im Reiseatlas grün markiert

1 TRAUMHAFTE STRÄNDE UND BUCHTEN

Auf Küstentrip durch Ibizas Südwesten – Picknicktasche, Schwimmzeug, Sonnenschutz und Badeschuhe nicht vergessen! Planen Sie einen Tag ein, starten Sie in Eivissa. Dort nehmen Sie Kurs auf folgende Strände und Buchten: Platja d'es Cavallet, Sa Caleta, Cala d'Hort, Cala Vadella. Rückfahrt nach Eivissa über Sant Josep de sa Talaia; Gesamtstrecke: 66 km.

Ihre Rundfahrt zu den ibizenkischen Strandperlen beginnt in Eivissa. Auf der PM-801 geht es in südwestlicher Richtung nach **Sant Jordi de ses Salines**, dort im Kreisverkehr am Hippodrom zur ausgeschilderten **Platja d'es Cavallet** (ab hier 11 km hin und zurück). Zur Rechten liegen Flughafen und Salinen, unterwegs passieren Sie **Sant Francesc de S'Estany** mit seiner winzigen Kirche (18. Jh.) und erreichen ein Stück

Bild: Blick von der Torre del Pirata auf die Inseln Es Vedrà und Es Vedranell

AUSFLÜGE & TOUREN

Insider Tipp

weiter den Linksabzweig zum Strand. Das ==Zubringersträßchen verläuft traumhaft schön== an weiteren Salinen vorbei und endet an einem Parkplatz, wo Strand und Meer greifbar nah liegen – und das Beachrestaurant *El Chiringuito (€€)* auch. Die sandige **Platja d'es Cavallet** *(S. 46)* war einst der erste FKK-Strand der Insel und hat sich so oder so die Reize bewahrt. Ins Bild gehören die sandigen Weiten, kleine Felsenabschnitte und Dünen.

Die Gaykolonie tummelt sich an den südlichen Strandabschnitten Richtung Felsen.

Nach Rückkehr an den Kreisverkehr beim Hippodrom folgen Sie der Straße zum Flughafen, kurz vor dem Airport biegen Sie dann ab Richtung Sant Josep de sa Talaia. Bald sehen Sie das Schild nach Sa Caleta, das Sie links auf ein Sträßchen durch ländliches Gebiet führt. Agaven und Feigen wechseln sich ab mit Mandel-

und Olivenbäumen. Ein kurzer, ausgewiesener Abzweig bringt Sie hinab nach *Sa Caleta (S. 61)*, einer steinigen Bucht mit rötlichen Felswandkulissen. Zur Mittagszeit bietet sich das Fischrestaurant *Sa Caleta (tgl., im Winter abends geschl. | Tel. 971 187095 | €€–€€€)* zur Einkehr an.

Ab Sa Caleta kehren Sie auf die Straße zurück, die Sie nun landeinwärts durch herrliche Kieferngebiete Richtung Sant Josep de sa Talaia trägt – echt malerisch! Bald erreichen Sie eine T-Kreuzung, dort links weiter auf der PM-803 auf Sant Josep und den breiten Bergbuckel des Sa Talaia zu. So weit fahren Sie aber nicht, sondern folgen nach 1,6 km dem Linksabzweig nach Es Cubells/Es Torrent. Ihr nächstes Ziel ist die **Cala d'Hort**, auf der Fahrt nehmen Sie Eindrücke des ländlichen Ibiza in sich auf: Mandel- und Eukalyptusbäume, Wiesen mit verstreuten Feigenbäumen, kleine Feldparzellen, Kiefernforst, Steinmauern, Blicke auf Berge und See. An die **Cala d'Hort** *(S. 60)* geht es kontinuierlich abwärts, im letzten Abschnitt sehr steil. An der kleinen, steinigen Bucht erwarten Sie Kulissen aus Klippen und Sand; der Traumblick auf die vorgelagerten Felsenzauberinseln **Es Vedranell** und **Es Vedrà** ist nicht zu toppen und rechtfertigt allein den Ausflug! Alternativ zu Sa Caleta bietet sich an der Cala d'Hort eine Einkehr im Panoramarestaurant *El Carmen* an, wo es <mark>gute Paella</mark> gibt *(März–Okt. tgl. | Tel. 971 18 74 49 | €€)*.

Auf der Sackgassenzufahrt an die Cala d'Hort kehren Sie ein Stück auf derselben Strecke aufwärts zurück. Dort folgen Sie dem Schild nach Sant Josep de sa Talaia und fahren später hinab an die **Cala Vedella** *(auch: Vadella | S. 61)*. Die schöne sandige Badebucht bietet mit einigen Bars und Restaurants eine gute Auswahl. Nördlich der Cala Vedella zieht sich das Sträßchen oberhalb der Bootsschuppen bergauf und erlaubt lohnende

Inside Tip

Im Nordosten ist das Innere Ibizas noch weitgehend Bauernland

Ausblicke über die felsig-zerfranste Küstenlinie hinweg. Jetzt kurven Sie an Villen und Kiefernwäldern vorbei durch das dünn besiedelte Hügelinland, umfahren die westlichen Bergmassen des 475-m-Riesen Sa Talaia, halten sich immer Richtung Sant Josep de sa Talaia. Schließlich erreichen Sie wieder die PM-803; dort rechts und nach 700 m in den Ortskern von Sant Josep de sa Talaia (S. 59). Wer mag, legt einen Barstopp im Ortskern ein. Ansonsten geht es geradewegs zurück nach Eivissa (ab hier noch 14 km).

2 IBJZAS LÄNDLICHE IDYLLE

Die Fun- und Partyinsel einmal ganz ohne Strände, die Touristenzentren in weiter Ferne? Nichts ist unmöglich auf Ibiza. Zumindest einen halben Tag sollten Sie für eine motorisierte Tour durch das dörfliche Abseits des Inlands einplanen – mehr noch, wenn Sie unterwegs einkehren wollen. Als Start- und Endpunkt dient Sant Antoni de Portmany, ab dort gehen Sie nordöstlich auf große Schleife. Stationen sind Santa Agnès de Corona, Sant Mateu d'Albarca, Sant Miquel de Balansat, Santa Gertrudis de Fruitera und Sant Rafel; Gesamtstrecke: 45 km.

Sie verlassen Sant Antoni de Portmany auf der PM-812 Richtung Santa Agnès de Corona. Das zunächst gut ausgebaute Stück geht bergwärts in ein schmales und äußerst kurviges Sträßchen über, das ansteigt und sich mitten hinein ins ländliche Inselidyll windet. An den Seiten ziehen Kiefern und Steinmäuerchen vorbei, Hügelbarrieren versperren den Blick aufs Meer. Mit Öl- und Johannisbrotbäu-

men entblättern sich die Facetten einer typisch mediterranen Vegetation, die Intensität der Grüntöne ist an Jahreszeiten und Niederschläge gekoppelt. Zwischendurch fließen Feldwege ab zu Villen. Bald wird Sie das weite Panorama des Beckens von Santa Agnès de Corona begeistern. Begrenzt von sanften Höhenzügen, breitet sich ein Flickenteppich aus Mandelbaumhainen und verstreuten Anwesen aus. Eine lange Asphaltgerade führt mitten hinein nach Santa Agnès de Corona (S. 57), wo sich die Häuser zu einem Dörfchen verdichten. Schräg gegenüber der kalkweißen Kirchenfassade lädt die Terrassenbar C'an Cosmi (Di geschl. | €) zur Einkehr ein. Direkt an der Kirche folgen Sie dem Schild nach Sant Mateu d'Albarca, die Straße verengt sich ein wenig. Mandelbäume und Steinmauerparzellen bleiben Wegbegleiter durch eine beschauliche Landschaft. Auf einer touristisch wenig ausgefahrenen Route spüren Sie den gänzlich anderen Welten Ibizas nach, einem Inbegriff der *tranquilidad*, der Stille und Ruhe. In der Gegend wechselt sich schwer bewirtschaftbarer Steingrund mit fruchtbarer Erde ab, aus der Avocados und Tomaten wachsen, Kirschen und Orangen. Um Sant Mateu d'Albarca erwartet Sie ein neuerliches weites Becken, das angefüllt ist mit Weinbaukulturen.

Aus der Dorfmitte von Sant Mateu d'Albarca (S. 57) erhebt sich die Kirche mit ihrem Bogenvorbau. Eine Einkehrmöglichkeit, etwa 200 m von der in Sichtweite bleibenden Kirche, bietet das Restaurant *Can Cires (Di geschl. | Tel. 971 80 55 51 | € – €€)* mit seiner schönen Terrasse.

Insider Tipp

Auf der Weiterfahrt von Sant Mateu nach Sant Miquel zeigt Mutter Natur mit Kiefern und knorrigen Oliven ihren ganzen Reichtum. Als Beilage gibt es Feigen-, Orangen- und Zitronenbäume – eine regelrechte Obstkammer! Besuchsziel über der weißen Häuserkulisse von **Sant Miquel de Balansat** *(S. 69)* ist die dominante Dorfkirche auf dem Hügel, eine der ältesten der ganzen Insel. Ins Innere des Gotteshauses hat die Moderne Ventilatoren hineingeweht, im Altarbereich ist Ortsnamensgeber Michael mit dem Schwert zu sehen. Donnerstags um 18.15 Uhr *(Mai–Okt.)* wird vor dem Gotteshaus Folklore geboten, doch so punktgenau sollten Sie diese Tour nicht abstimmen – lieber wiederkommen! Im Ortszentrum können Sie sich in der *Bar March* erfrischen, ehe Sie die gut ausgebaute PM-804 6 km weiter nach Santa Gertrudis einschlagen. Zitrusplantagen, Feigen- und Apfelsinenbäume flankieren die Asphaltader. Ein Schild weist auf die Überfahrt des ausgetrockneten Riu de Santa Eulària.

In **Santa Gertrudis de Fruitera** *(S. 68)* stehen reichlich Parkflächen zur Verfügung, hier haben Sie wieder touristisch frequentiertere Zonen erreicht. Die aus dem 18. Jh. datierende Kirche ist ebenso einen Besuch wert wie der dahinterliegende Friedhof. Tod und Leben liegen dicht beieinander, die Friedhofsmauern in Sichtweite der Bars. Drehen Sie eine Runde durch den Ort, stärken Sie sich mit Tapas, belegten Broten *(bocadillos)* oder Tellergerichten *(platos combinados)*. Eine beliebte, traditionelle Anlaufstelle ist die *Bar Costa*, doch es gibt noch weitere zur Auswahl.

Ab Santa Gertrudis de Fruitera folgen Sie zunächst der PM-804 Richtung Eivissa, nach ca. 3 km geht es in einem Rondell rechts ab auf der PM 812-2 nach **Sant Rafel** *(S. 62)*, die letzte Durchgangsstation der Tour. An der Ortsausfahrt Richtung Sant Antoni hat Töpfermeister Icardi sein Atelier; wer Qualitätskeramik sucht, wird hier fündig. Zurück nach Sant Antoni sind es ab hier noch 8 km.

3 FORMENTERA: SEELUFT UND SALZBECKEN

Pure Natur bietet eine Wanderung durch den Norden Formenteras. Ins Marschgepäck gehören Badezeug, Sonnenschutz und Wasser; Vogelfreunde bringen ein Fernglas mit. Samt Restaurant- oder Schwimmstopps können Sie durchaus einen ganzen Tag veranschlagen; wer durchmarschiert, ist nach ca. drei Stunden wieder am Ausgangspunkt. Wegverlauf ab/bis Sa Savina: Salinen, Platja de Llevant, Es Pujols, Süd- und Westufer des Estany Pudent; Gesamtstrecke: 11 km.

Die Tour gibt gute Gelegenheit, die verschiedenen Landschaften Formenteras kennen zu lernen: Salinen, Strände, Kiefern, Dünen, Binnenseen – aber eins nach dem andern! Starten Sie am Hafen von **Sa Savina** *(S. 89)*, folgen Sie ganz am östlichen Ende einer kleinen Rampe auf einen ==erhöht gelegenen Dammweg==, der für den motorisierten Verkehr gesperrt ist. Flach und breit zieht sich der Weg in die Weite, erlaubt äußerst lohnende Blicke nach links an die Küste und nach rechts auf den **Estany Pudent** *(S. 82)*. Nach etwa 1,5 km mündet der Weg auf eine breite, befahrbare Piste, dort links an Salinen

Inside Tipp

und windgebeugten Kiefern vorbei Richtung Platja de ses Illetes *(S. 90)*. Ein dichter Wald- und Buschgürtel versperrt Sicht und Zugang zur See, die sich erst auf Höhe des Nobelrestaurants *Es Molí de Sal (€€€)* wieder zeigt. Folgen Sie an einer Gabelung dem Rechtsabzweig auf der Piste zur Platja de Llevant. An

bis Es Pujols *(S. 80):* traumhafte Küstenblicke! Mitunter stapfen Sie durch schweren Sand, andernorts erleichtern Holzstege das Fortkommen. Die kleine Bar- und Restaurantmeile in Es Pujols lädt zum Verschnaufen ein, ehe Sie sich landeinwärts zur Hauptstraße Carrer d'Espalmador durchschlagen. Dort wenige Hundert Meter an der

In den Salinenbecken verdunstet das Meerwasser, zurück bleibt das Salz

Kiefern, Binnendünen und Feuchtgebieten vorbei führt hier ein besonders schönes Wegstück durch den Salinen-Naturpark – allerdings birgt die Hochsaison die Gefahr erhöhten Zubringerverkehrs an den Strand. Genau diese Platja de Llevant *(S. 82)* ist auch Ihr zwischenzeitliches Ziel. Stürzen Sie sich in die Fluten, sammeln Sie frische Kräfte für den ☀ Weg an kleinen Buchten und Felsen vorbei

Straße Richtung Sa Savina, bis das Wanderschild nach links den Camí de s'Estany *(S. 82)*, den Seeweg, ankündigt. Nun geht es die letzten Kilometer auf sehr schöner, aber schattenloser Trasse an den Süd- und Westufern des *Estany Pudent* entlang. In der Ferne verraten die Masten der Yachten bereits das Ziel: den Hafen von Sa Savina, wo Bars und Cafés auf ermattete Wanderer warten.

EIN TAG AUF IBIZA

Action pur und einmalige Erlebnisse.
Gehen Sie auf Tour mit unserem Szene-Scout

CROISSANT SHOW

9:00

Der Tag beginnt entspannt in Ibiza-Stadt: Nachtschwärmer und Frühaufsteher treffen sich in der *Croissant Show* zu Gossip und Gebäck. Ofenfrische Teilchen schlemmen und den Blick auf die Dalt Vila genießen. Noch nicht genug? Gleich nebenan ist der neue Takeaway *Croissant Shop* **WO?** *Portal de Ses Taules, Mercat Vell | Tel. 971 31 76 65*

11:00

PARASAILING

Vom Frühstück geht's weiter in den Himmel. Am Hafen von Sant Antoni wird man an einem Fallschirm befestigt und von einem Motorboot gezogen. Sagenhaft das Panorama! Wer nicht so hoch hinaus will, verlegt sich aufs Wasserskifahren. **WO?** *Jimmy's Parasailing | Anmeldung unter Tel. 628 78 08 50 | Kosten: 60 Euro | www.digitalibiza.com/parasailing | April–Okt.*

LUNCHTIME

13:30

Santa Gertrudis ist ein verschlafener Ort. Kaum zu glauben, dass sich hier ein Kleinod für Bioliebhaber befindet. Und nicht nur die frischen hausgemachten Menüs überzeugen im *Parawdiso*, auch das stylish in Weiß gehaltene Interieur kann sich sehen lassen. **WO?** *Venda de Fruitera, 4 | Tel. 699 62 34 72 | www.parawdiso.org | So geschl.*

15:00

GO ECO

Casita Verde, das „grüne Häuschen", ist eine Ökoanlage bei Sant Josep. Sonntags gibt's Führungen durch die Aloe-Vera-Pflanzungen. Charmant: Die liberale Hippieatmosphäre, so müssen die Gäste z.B. ihr Geschirr selbst abspülen. **WO?** *Ctra. Eivissa–Sant Antoni, Richtung Feuerwehrhaus und Restaurant Las Dos Lunas abbiegen und Schildern mit den grünen Herzen folgen | So 14–18 Uhr oder nach Anmeldung unter | Tel. 971 18 73 53 | Kosten: 5 Euro | www.greenheart.info*

24h

TROMMELPOWER
18:00

Wer noch mehr Hippie-Ibiza erleben möchte, fährt nach Sant Miquel und nimmt im Ortskern die Abzweigung in Richtung Nordküste. Rhythmus total ertönt jeden Sonntag bis weit nach Sonnenuntergang am Strand von Cala de Benirràs. Trommler, Perfomer und ein buntes Publikum aus der ganzen Welt treffen sich, um der Sonne und der Natur zu huldigen. **WO?** *Cala de Benirràs*

20:30
DINNER MIT AUSBLICK

Im *El Divino* genießen Gourmets nicht nur den Ausblick auf die glitzernden Lichter rund um den Hafen von Ibiza-Stadt, sondern auch das Menü des Chefkochs lädt zum Träumen ein. Wie wär's z.B. mit frischem Oktopus mit gebratenem Gemüse und saftigen Pilzen? **WO?** *Sporthafen Eivissa Nova, Eivissa* | *Tel. 971 31 83 38* | *www.eldivino-ibiza.com*

STILVOLL IN DIE NACHT
22:30

Mehr Glamour geht nicht. Die *Ibiza Lounge* steht für VIPs, Stil und gute Drinks. In den roten Samtsesseln versinken, die außergewöhnlich guten Cocktails genießen und die High Society Ibizas beobachten. **WO?** *C/. Emili Pou, 6, Eivissa* | *www.ibzlounge.com*

24:00
OPEN AIR

Keine Angst – die Nacht ist noch jung, und das Barhopping hat gerade erst begonnen. Nachtschwärmer zieht es nun in die Freiluftbar *Dôme*. Bei angesagter Housemusik neue Leute kennenlernen und Pläne für den nächsten Locationwechsel machen. **WO?** *C/. Alfonso XII* | *Eivissa* | *Tel. 971 31 74 56* | *www.dome.es*

> RADELN, TAUCHEN UND WINDSURFEN

Fit durch den Urlaub: Meer und Inland bieten eine riesige Auswahl an sportlichen Betätigungsfeldern

> **Ob zu Lande oder zu Wasser – für alle Freizeitaktiven haben die Inseln eine ganze Menge drauf. Viele Hotels halten ihre Gäste mit Beachvolleyball, Tennis und Bogenschießen auf Trab.**

Im Mittelpunkt stehen die Wassersportarten wie Windsurfen, Segeln, Tauchen, aber auch Radler und Wanderer kommen auf ihre Kosten. Bedenken Sie, dass sich die Sportangebote von Veranstaltern oft nur auf die Saison (Frühling–Herbst) beziehen.

■ FAHRRAD FAHREN ■

Auf Waldwegen durch Kiefernhaine radeln, an Salinen und Orangenplantagen vorbei, dann atemberaubende Abfahrten ans Meer – auf Ibiza gibt es vielerorts unausgefahrene Pfade zu entdecken. Auf der Insel sind über 20 Radwandertouren mit Farbtafeln beschildert, davon 13 für Mountainbiker; der Rest sind Straßenrouten. Besonders anspruchsvoll: die 38 km lange Mountainbiketour durch das

Inside Tipp

> *www.marcopolo.de/ibiza*

SPORT & AKTIVITÄTEN

Vall de Morna im Nordosten sowie der 58-km-Trip „Ibiza extrem" im Südwesten, inklusive Auffahrt auf den Inselberg *Sa Talaia.* Der Inselrat hat auf Deutsch die erstklassig aufgemachte Broschüre „Führer der Radwanderrouten auf Ibiza" erstellt (erhältlich bei den Fremdenverkehrsämtern). Ein guter Radverleiher ist *Ibiza Sport (C/. Soledad, 32 | Sant Antoni | Tel. 971 34 89 49 | www.ibizasport. com).* Der Tagestarif liegt im Sommer

Insider Tipp

bei 20 (sonst 16) Euro; gegen Aufpreis werden die Räder an einen gewünschten Startpunkt transportiert. Allgemeine Internetinfos unter *www. ibizacicloturismo.com* (auch auf Dt.).

Formentera hat sich längst als Radlerinsel etabliert; die Seitenstreifen einiger Hauptstraßen sind speziell für Pedalritter ausgewiesen. Vielerorts locken Pisten und Nebenstraßen; in den Touristenbüros ist eine Karte erhältlich, je nach Vorrat auch der kostenlose deutschsprachige „Führer der Radwanderrouten auf Formentera". Verleiher finden sich am *Port de sa Savina*. Die günstigsten Räder beginnen bei 6 Euro Tagesmiete. Auf Landstraßen besteht Helmpflicht für Radfahrer. Aus Hygienegründen empfiehlt es sich, den eigenen Helm von zu Hause mitzubringen!

FITNESS

Spaß am Körperkult: Verschiedentlich finden Sie Fitnessstudios *(gimnasios)* mit Geräten, Laufbändern und Standfahrrädern. Eine bewährte Adresse in Eivissa ist *California Gym (Mo–Fr 7–23, Sa/So 10–22 Uhr | Tageskarte für Nichtmitglieder 9 Euro | C/. Aragó, 102 | Tel. 971399355).*

GOLF

Der Golfstrom ist an den Pityusen im Wesentlichen vorbeigelaufen; die für solche Zwecke nutzbare Fläche ist begrenzt. Die Ausnahme bildet die Anlage *Golf Ibiza* mit 18 und neun Löchern südwestlich von Santa Eulària. Obgleich es sich um einen privaten Club handelt, können auch Gäste hier gegen Tagesgebühr spielen. *Green fee* für die 18-Loch-Runde 90 Euro, eine Einzelstunde Training mit Lehrer 45 Euro. *Club de Golf Ibiza | Ctra. Jesús–Cala Llonga | Tel. 971 19 60 52 | Fax 971 19 60 51 | www.golfibiza.com*

JOGGING

Strände wie die *Platja d'en Bossa* sind zum Joggen verlockend, doch wegen ihres tiefen Sands beschwerlich für die Gelenke. Besser, man hält sich auf Pisten oder schlägt Feld- und Waldwege ein. Auf Formentera folgen geübte Läufer der bei „Ausflüge & Touren" vorgeschlagenen Wanderstrecke (ab/bis Port de sa Savina ca. 11 km) oder joggen zwischen *Es Pujols* und *Port de sa Savina* an den Seeufern des *Estany Pudent* . **Inside Tipp**

Windsurfen oder lieber schnorcheln?

SPORT & AKTIVITÄTEN

SEGELN

Wer die Pityusen von der Seeseite her entdecken will, findet traumhafte Buchten und Ankerplätze. Siebentägige Segeltörns mit Skipper bietet im Sommer Antonio Doria an. Er unterhält kein festes Büro und hat deshalb günstige Preise. Eine Woche inkl. Verpflegung kostet je nach Monat 720–840 Euro/Person, an Bord seiner „Tam-Tam" finden bis zu neun Gäste Platz. Infos: *www.deltayachtcruisers. com* | *Handy 639 88 15 72 (Span. oder Engl.)*. Vermieter von Segelbooten finden Sie z. B. an der *Marina Botafoc in Eivissa* sowie im *Sporthafen* von Santa Eulària. Der Club *Naútico Ibiza* in Ibiza-Stadt *(Av. de Santa Eulària d'es Riu, s/n | Tel. 971 31 33 63 | www.clubnauticoibiza.com)* unterhält eine Segelschule.

TAUCHEN

Muränen, Tintenfische und Kraken, Höhlen und Wracks – die Unterwasserwelt der Pityusen ist faszinierend! Mit Tagestrips, Nachtausflügen, Tieftauchen und Padi-Kursen haben sich auf Ibiza einige Tauchschulen auf die Nachfrage eingestellt. Dazu zählen das in Portinatx stationierte *Diving Centre Subfari (Tel. 971 33 75 58 | Handy 677 46 60 40 | www.subfari.es)* und *Anfibios Diving* in Platja d'en Bossa *(Club Náutico Anfibios | Edificio Acapulco | Tel. 971 30 39 15 | www.anfibios.com)*. Auf Formentera ist der Port de sa Savina eine gute Anlaufstelle mit *Vell Mari (Tel. 971 32 21 05 | www.vellmari.com)*. *Vell Mari* ist auch auf Ibiza an der Marina Botafoc vertreten *(Tel. 971 19 28 84)*. Für einen Tauchgang sollten Sie inkl. Ausrüstung, Bootsfahrt und fachlicher Begleitung 45–60 Euro einkalkulieren. Ein Kurs *Scuba Diver* kostet ca. 260, ein Kurs *Openwater Diver* ab ca. 410 Euro.

WANDERN

Zu den überraschenden Seiten der Inseln zählen die vielen Wanderstrecken, die Sie an abgelegene Buchten, Strände und alte Wachtürme führen. Viele Routen sind offiziell ausgewiesen, aber mit einer guten Beschilderung dürfen Sie nicht immer rechnen. Auf Ibiza setzt die ab Sant Josep machbare Besteigung des Berges *Sa Talaia* (475 m) einen gewissen Orientierungssinn voraus, weil nicht überall eindeutig ausgewiesen. Auf Formentera reizt der Seeuferrandweg zwischen *Port de sa Savina* und *Es Pujols*. Manche Wege verlaufen über Stock und Stein und fordern selbst geübten Wanderern einiges ab. Es empfiehlt sich stets, Wasser mitzuführen. Tageswanderungen organisiert der deutschsprachige Führer Miguel Tur Witt *(kleine Gruppen, inkl. Minibustransport | Tel. 629 684246 | mituwi@telefonica.net)*.

WASSERSPORT

Über Segeln und Tauchen hinaus werden Jetski, Parasailing, Seekajak, Banana-Rides, Kitesurfen und Wasserski angeboten. Als gute Anlaufstationen gelten auf Ibiza die *Platja d'en Bossa*, die Bucht von *Sant Antoni* und die Strände bei *Santa Eulària*. Auf Formentera steuern Wind- und Kitesurfer das *Centro Wet four Fun (mehrere Stationen, u.a. an der Platja des Pujols | Tel./ Fax 971 32 18 09 | Handy 609 766084 | www.wet4fun.com)* an.

> WASSERPARKS, KARTS WANDERN, HÖHLEN

Spaß und Spannung versprechen nicht allein die Küsten, auch im Inland gibt es viel zu entdecken

> Auf den ersten Blick ist Spanien ein kinderfreundliches Land, da machen die Pityusen keine Ausnahme. Schon im Mutterbrustalter gewöhnt man Babys an den lockeren Lebensstil, nimmt sie zu nächtlicher Stunde zu Konzerten mit und in verräucherte Bars.

Kinder dürfen fast alles, kaum jemand stört sich am Freudengeschrei. Allerdings geht die Geburtenzahl rapide zurück, denn Vater Staat mauert bei Familienbeihilfen. Für Familienspaß aber ist gesorgt, ob im Wasserpark oder auf der Kartingstrecke. Darüber hinaus überrascht eine Höhle wie Can Marçà mit *special effects*.

EIVISSA

AGUAMAR [123 E5]

In Ibizas größtem Wasserpark ist Spaß garantiert – ob auf der Gigantenrutsche oder in der Röhrenrutsche. Der strandnah gelegene Wassererlebnispark bringt eine erfrischende Ab-

Bild: Wasserpark Aguamar bei Eivissa

MIT KINDERN UNTERWEGS

wechslung ins Beachlife, hat aber seinen Preis. *Mai–Okt. tgl. 10–18 Uhr | Eintritt 18, Kinder 10 Euro- Platja d'en Bossa*

BALUARD DE SANT JAUME [U C5]

Dieses Bollwerk im Mauerverbund von Dalt Vila ist interaktiv hergerichtet worden. Da lässt sich eine Kanone verschieben, ein Rüstungsschutz samt Helm anlegen und das Gewicht von Kanonenkugeln austes-

ten. Unter Aufsicht darf man auch Repliken von historischen Waffen – Lanzen, Schwerter oder Hellebarden – aus dem 16./17. Jh. in die Hand nehmen. *Im Sommer Di–So 10–14 und 17–20, sonst Di–So 10–15 Uhr | Eintritt 2 Euro, Kinder bis 12 J. frei| Ronda Calvi*

SPIELPLÄTZE IN EIVISSA [123 E4]

Im Ostteil Eivissas haben sich die Stadtväter Investitionen von der Seele gerungen und ansehnliche Kinder-spielplätze samt Klettergeräten und Rutschen anlegen lassen. Hier vergnügen sich die Kleinsten auf einem großen Spielareal am *Passeig Joan Carles I;* ein weiteres liegt zwischen der *Marina Botafoc* und dem Leuchtturm. In der Neustadt ist ein recht großer Kinderspielplatz in den *Parc de la Pau* eingefasst, nahe dem Neuen Markt zwischen Carrer de Canàries und Carrer de Balears.

■ DER SÜDWESTEN ■

BOOTSTOUREN   [122 C2–3]
Ab dem Hafen von Sant Antoni de Portmany starten während der Sommersaison Glasbodenboote, die wunderbare Einblicke in die Unterwasserwelt beiten, und andere Ausflugsschiffe. An der Hafenlinie beim *Passeig de ses Fonts* reihen sich unübersehbar mehrere Ticketkioske auf, u.a. von *Cruceros Portmany (Tel. 971 34 34 71 | www.cruceros portmany.com).* Die Preise bei den Anbietern schwanken und liegen für einstündige Ausfahrten bei ca. 12 Euro für Erwachsene und 6 Euro für Kinder. Bei dreistündigen Trips muss man mit 20 Euro für Erwachsene und 10 Euro für Kinder rechnen. *Tgl. verschiedene Abfahrtszeiten*

MINI TREN TURÍSTICO   [122 C2–3]
In Sant Antoni de Portmany ist der „kleine Touristenzug" bei Familien mit Kindern beliebt. Hier geht es auf eine knapp zweistündige Rundtour durch ländliches Gebiet, das von einer überraschend vielfältigen Vegetation durchsetzt ist. Zwischenziel ist Santa Agnès de Corona. Abfahrten ab dem Busbahnhof *(C/. Londres).*

Mai–Okt. im Regelfall tgl. 11, 13 und 16 Uhr | Erwachsene 12, Kinder 6 Euro

■ DER NORDOSTEN ■

COVA DE CAN MARÇÀ   [120 C2]
Geheimnisvolle Lichter weisen den Weg vorbei an Tropfsteinen und glucksenden Wasserläufen. Der Clou kommt auf Knopfdruck: Zwischen Felsen stürzt plötzlich ein Wasserfall hinab, das Rauschen wird mit dramatischer Musik und zuckenden Lichtern unterlegt. Die Cova de Can Marçà liegt bei Port de Sant Miquel, die Anfahrt zum Parkplatz ist beschildert. *Nov.–April im Regelfall tgl. 11 bis 17.30, sonst tgl. 10.30–20 Uhr | nur mit Führung | Eintritt 8 Euro, Kinder (5–12 J.) 4,50 Euro | www.covade canmarsa.com*

EASY RIDER   [121 D5]
Kleiner Reiterhof am Ortsrand von Cala Llonga. Ausritte auch für Ungeübte in Minigruppen, wahlweise 50 Minuten (25 Euro) oder 1 Stunde und 40 Minuten (45 Euro). Stallmeister Juan Luis spricht auch Deutsch. Die Kleinsten können eine zehnminütige Ponyrunde auf dem Hof drehen (10 Euro). Ganzjährig geöffnet, außerhalb der Saison Termine am besten nach telefonischer Vereinbarung. *Cami d'en Serra | Tel. 971 19 65 11 | Handy 610 44 36 30*

ESCUELA DE EQUITACIÓN
CAN MAYANS   [120 C3]
Die Reitschule auf dem 15 000 m² großen Fincagelände von Can Mayans ist ganzjährig geöffnet. Reitstunden werden für Kinder ab acht Jahren angeboten, individuell oder in

KINDERN UNTERWEGS

der Gruppe. Ausritte für geübte Reiter. *Ctra. Santa Gertrudis de Fruitera–Sant Llorenç de Balàfia (ausgeschilderter Abzweig) | Tel. 971 18 73 88 | Fax 971 19 71 81*

GO-KARTS SANTA EULALIA [123 F3]

Wer dröhnende Motoren liebt, ist hier genau richtig aufgehoben. Allerdings ist das Vergnügen nicht ganz preiswert.Für eine Fahrt im Kart (7 Min.) müssen Sie mit folgenden Tarifen rechnen: Kinderkart 6, Zweisitzer 10, Erwachsenenkart 12, Zweisitzer „Speedy" 20 Euro. Jeweils 5 Minuten ist man mit dem Babykart (3 Euro) und dem Miniquad (4 Euro) unterwegs. *Ostern–Okt. tgl. 9.30–21.30 Uhr, sonst nur am Wochenende | Ctra. Eivissa–Santa Eulària | km 6 | Tel. 971 31 77 44 | www.gokartssantaeula lia.com*

■ FORMENTERA

Die Strände bieten nicht das einzige Potenzial für Kinder. Ab *Port de sa Savina* starten im Sommer Bootsausflüge. Außerdem bieten sich kleine Wandertouren an den Ufern des *Estany Pudent* und des *Estany des Peix* an. Hier kann die Familie nach Vögeln Ausschau halten. **Insider Tipp** Spannend wird es am *Cap de Barbaria* mit dem Leuchtturm und dem steinigen Weg zum Wachturm *Torre des Garroveret*. Einen weiteren Wanderabstecher lohnt die einsame *Torre Sa Gavina* an der Westflanke der Insel; als Ausgangspunkt dient die *Area Recreativa Can Marroig* **Insider Tipp** ein Picknickareal, wo Sie den Nachwuchs nach Ihrer Rückkehr an Holztischen im schattigen Kiefernforst mit Broten und Limo belohnen können. Außerdem gibt's eine Grillstelle und Spielgerät.

Überall auf der Welt der Strandklassiker: Sandburgen bauen

■ ANREISE ■

Je nach Saison steht Ibiza im deutschen Sprachraum auf den Flugplänen von Germanwings *(www.germanwings.com)*, Lufthansa *(www.lufthansa.com)*, Ryanair *(www.ryanair.com)* und Air Berlin *(www.airberlin.com)*; Flüge mitunter via Palma de Mallorca. Steuern, Service Charge, Kreditkarten- und Gepäckgebühren machen die selbst propagierten Billigfluglinien allerdings längst nicht mehr so billig. Gutes Vergleichsportal für Preise und Verbindungen: *www.opodo.de*.

Ein Flug nach Ibiza dauert je nach Startort etwa zweieinhalb bis drei Stunden. Auf der Insel liegt der internationale Flughafen etwa 6 km südwestlich der Hauptstadt Eivissa; Zubringer in die City entweder mit dem Taxi oder mit dem regelmäßig verkehrenden Linienbus. Formentera hingegen ist nicht ans Flugnetz angeschlossen; ab dem Hafen von Eivissa herrscht täglich reger Boots- und Fährverkehr (Personen und Fahrzeuge).

Wer sich über Land Richtung Zielgebiet aufmacht, steuert am besten Barcelona an: ob mit dem Zug *(www.reiseauskunft.bahn.de)*, den Europabussen *(www.touring.de)* oder dem eigenen Fahrzeug. Ab Barcelona bestehen regelmäßige Fährverbindungen nach Eivissa *(www.trasmediter*

> **WWW.MARCOPOLO.DE**

Ihr Reise- und Freizeitportal im Internet!

> Aktuelle multimediale Informationen, Insider-Tipps und Angebote zu Zielen weltweit … und für Ihre Stadt zu Hause!

> Interaktive Karten mit eingezeichneten Sehenswürdigkeiten, Hotels, Restaurants etc.

> Inspirierende Bilder, Videos, Reportagen

> Kostenloser 14-täglicher MARCO POLO Podcast: Hören Sie sich in ferne Länder und quirlige Metropolen!

> Gewinnspiele mit attraktiven Preisen

> Bewertungen, Tipps und Beiträge von Reisenden in der lebhaften MARCO POLO Community: *Jetzt mitmachen und kostenlos registrieren!*

> Praktische Services wie Routenplaner, Währungsrechner etc.

Abonnieren Sie den kostenlosen MARCO POLO Newsletter … wir informieren Sie 14-täglich über Neuigkeiten auf marcopolo.de!

Reinklicken und wegträumen!
www.marcopolo.de

> MARCO POLO speziell für Ihr Handy! Zahlreiche Informationen aus den Reiseführern, Stadtpläne mit 100 000 eingezeichneten Zielen, Routenplaner und vieles mehr.
mobile.marcopolo.de (auf dem Handy)
www.marcopolo.de/mobile (Demo und weitere Infos auf der Website)

ranea.es), außerdem ab Dénia und València.

AUSKUNFT

SPANISCHES FREMDENVERKEHRSAMT
Kurfürstendamm 63 | 10707 Berlin | Tel. 030/882 65 43 | Fax 882 66 61 | berlin@tourspain.es
– Grafenberger Allee 100 (Kutscherhaus) | 40237 Düsseldorf | Tel. 0211/680 39 81 | Fax 680 39 85 | dusseldorf@tourspain.es
– Myliusstr. 14 | 60323 Frankfurt/Main | Tel. 069/72 50 38 | Fax 72 53 13 | frankfurt@tourspain.es
– Postfach 151940 | 80051 München | Tel. 089/530 74 60 | Fax 53 07 46 20 | munich@tourspain.es
– Walfischgasse 8 | 1010 Wien | Tel. 01/512 95 80 | Fax 512 95 81 | viena@tourspain.es
– Seefeldstr. 19 | 8008 Zürich | Tel. 044/253 60 50 | Fax 252 62 04 | zurich@tourspain.es

Infos vor Ort in den Tourismusbüros auf Ibiza (Eivissa, Sant Antoni, Santa Eulària) sowie am Hafen von Sa Savina auf Formentera (siehe in den Regionenkapiteln unter „Auskunft"). Prospektbestellungen in Deutschland unter *Tel. 06123/991 34.*

AUTO

Fahren Sie defensiv, stellen Sie sich auf kurvenreiche Strecken und – abseits der gut ausgebauten Hauptstraßen – auf staubige Rumpelpisten ein, die zum Strand, Beachtreff oder Landhotel führen. Zur Hochsaison kann Parken in den Städten zum Problem werden, achten Sie stets auf die blau markierten gebührenpflichtigen Zonen sowie auf gelbe Randmarkierungen (Parken verboten).

WAS KOSTET WIE VIEL?

BUSFAHRT	**3 EURO**	Flughafen–Eivissa
KAFFEE	**AB 1,10 EURO**	kleiner Kaffee in der Bar
SOFTDRINK	**1,50–2,50 EURO**	in der Bar
MUSEUM	**2–3 EURO**	Eintritt für eine Person
BENZIN	**0,95 EURO**	ein Liter Normal
TAGESMENÜ	**AB 8 EURO**	mittags im einfachen Restaurant

Kleinere Orte wie z.B. Santa Agnès de Corona haben sich mit großen Parkflächen auf die sommerlichen Zuströme eingestellt, während es an den Stränden zu erheblichen Engpässen kommen kann.

Verkehrsbestimmungen: Die Promillegrenze liegt bei 0,5, es herrscht Anschnallpflicht und Handyverbot, zwei Warndreiecke und eine reflektierende Schutzweste müssen im Auto, Radio und Handy beim Tanken ausgeschaltet sein. Höchstgeschwindigkeit innerorts 50 sowie auf Landstraßen – je nach Beschilderung – 90 bzw. 100 km/h.

■ BANKEN & KREDITKARTEN ■

Öffnungszeiten der Banken: *Mo–Fr 9–14 Uhr.* Es gibt Geldautomaten für EC- oder Kreditkarten, gängige Kreditkarten sind weit verbreitet.

■ CAMPING

Camping spielt eine absolut untergeordnete Rolle. Auf Ibiza gibt es nur einige wenige, auf Formentera keinen einzigen Campingplatz. Info im Net: *www.infocamping.com.*

■ DIPLOMATISCHE VERTRETUNGEN

DEUTSCHES HONORARKONSULAT

C/. Antoni Jaume, 2 | Eivissa | Tel. 971 31 57 63 | honorarkonsulibiza1@ yahoo.es | www.auswaertiges-amt.de

ÖSTERREICHISCHES HONORARKONSULAT

Av. Alexandre Rosselló, 40, 5 | Palma de Mallorca | Tel. 971 27 47 11 | okpalma@fiolabogados.com | www. bmeia.gv.at

SCHWEIZER KONSULAT

Gran Via Carles III, 94 | 7. Stock | Barcelona | Tel. 934 09 06 50 | bar. vertretung@eda.admin.ch | www. eda.admin.ch

■ FÄHREN

Zwischen Eivissa und Formenteras Hafen Port de sa Savina pendeln täglich Schiffe, die 25 (Schnellboote)

bzw. 35 Min. brauchen. Etwas Geld lässt sich sparen, wenn man direkt ein Hin- und Rückfahrticket kauft. Preise: 23 Euro pro Person und Strecke für die Schnellboote (Rückfahrticket: 42 Euro), 21 Euro für die etwas langsamere Verbindung (Rückfahrticket: 38 Euro). Fahrplaninformation unter *www.medpitiusa.net.* Dank der vielen Verbindungen können Sie nach Formentera zu einem Tagesausflug in See stechen.

■ FKK ■

Auf Ibiza ist die nahe der Salinen im Inselsüden gelegene *Platja d'es Cavallet* beliebt, auf Formentera suchen sich FKK-Anhänger an der *Platja de Llevant* ihr Plätzchen. Oben ohne ist sowieso verbreitet.

■ GESUNDHEIT ■

Mit der Europäischen Gesundheitskarte ist eine unentgeltliche medizinische Versorgung im Grundsatz gewährleistet. Allerdings ist das spanische Gesundheitssystem nicht das allerbeste, so gibt es z.B. keine freie Arztwahl. Angeraten sei deshalb eine private Auslandskrankenversicherung. Deutsche Sprachkenntnisse dürfen Sie von den Medizinern nicht erwarten.

■ INTERNET ■

www.ibiza.travel – offizielle Seite der Inselverwaltung, Infos zur Insel Ibiza (auch auf Deutsch)
www.ibiza-spotlight.com – Sport, Nightlife, Strände, Hotelofferten etc.
www.e-ibiza.de – aktuelle Infos und Tipps (Deut.), ein Schwerpunkt liegt auf Partys und Nachtleben
www.eivissa.de – Ausflüge, Nightlife,

PRAKTISCHE HINWEISE

Kultur, Tipps, Übersichtskarte und Infos zu Stränden (Deut.)

www.megustaibiza.com – Adressen von Bars, Diskos, Nightclubs, Hippiemärkten, Restaurants, Hotels; Links zu Buchungen von Apartments und Hotels, zum Wetter (Span.)

www.eivissa.fm – Kleinanzeigenmarkt (u.a. Mietwohnungen, Kontakte; auf Spanisch)

http://ciutatdeivissa.org – offizielle Seite der Stadt Eivissa, breit gestreute Infos (Span./Engl.)

www.touribisport.com – alles, was mit Sport auf den Inseln zu tun hat

www.santjosep.biz – zu Sant Josep de sa Talaia inklusive detaillierter Aufstellung der Strände (auch Deut.)

www.santaeulalia.net – zu Santa Eulària d'es Riu; auch hier gute Übersicht über die Strände (auch Deut.)

www.santantoni.net – zu Sant Antoni de Portmany

www.tourspain.es – allgemeine Infos zu Spanien (Deut.)

www.illesbalears.es – Infos zu den Balearen (auch Deut.)

www.turismoformentera.com – zu Formentera (auch Deut.); für umfangreiche Infos klickt man „Führer von Formentera" an

www.formenteraonline.net – Adressen und Infos zu Formentera

WLAN ist auf Spanisch als Wifi bekannt, doch die Hotspots sind noch nicht so verbreitet.

■ INTERNETCAFÉS

In den Internetcafés und -zentren ist das Preisgefüge ganz unterschiedlich. Mal kostet eine halbe Stunde 1 und eine volle Stunde 2 Euro, mal schlagen 10 Minuten mit 1 Euro zu Buche.

CHILL INTERNET CAFÉ [U B5]
Eivissa | Via Punica 49 | Tel. 971 39 97 36

INTERNET-LOCUTORIO PUERTO [U C3]
Eivissa | Av. Santa Eulària d'es Riu, 17 | Tel. 971 31 64 84

INTERNET-LOCUTORIO [124 C4]
Formentera | Sant Ferràn de ses Roques | C/. Mallorca, 13 | Tel. 971 32 91 89

■ KLIMA & REISEZEIT

Um die 300 Sonnentage pro Jahr sprechen eine deutliche Sprache: Die Pityusen sind ein Reiseziel für jede Jahreszeit! Dank fehlender größerer Gebirgsmassen herrscht auf den Inseln ein durchweg ausgeglichenes Klima. Selbst im Winter können Sie durchschnittlich fünf bis sechs Sonnenstunden pro Tag genießen. Im Sommer übersteigt die Quecksilbersäule gelegentlich die 30-Grad-Marke, in den Hauptferienmonaten Juli und August geht es in jeglicher Hinsicht hitzig zu.

■ MIETWAGEN

Während die Wochenmietpreise in der Nebensaison bei ca. 110–120 Euro beginnen (z.B. bei *Centauro | www.centauro.net*), schlagen sie im Sommer durchaus mit dem Doppelten zu Buche; auch Preise um die 300 Euro sind in der Haupturlaubszeit keine Seltenheit. Gute Preisvergleiche bieten *Holiday Autos (http://holidayautos.de)* und *Auto Europe (www.autoeurope.de)*. Fallen Sie nicht auf den unseriösen Trick mancher Anbieter herein, bei dem es heißt, das Auto könne mit leerem

Tank zurückgegeben werden. Im Gegenzug wird bei der Übernahme ein außergewöhnlich hoher Preis für den gefüllten Tank per Kreditkarte abkassiert!

Auf Ibiza finden Sie die größte Auswahl an Verleihern am Flughafen, auf Formentera rund um den Port de sa Savina. Auf Formentera bieten Mietautos mit Elektromotor eine umweltfreundliche Alternative *(www.elektracar.com)*; inselweit stehen über 20 Ladestellen zur Verfügung. Wegen möglicher Knappheit vor Ort sollten Sie den gewünschten Wagen (ob Benziner oder Elektroantrieb) von daheim aus buchen. Die Tarife schließen meist unbegrenzte Kilometer, Mehrwertsteuer (IVA) und Basisversicherung mit ein. Bei Kindersitzen oder eingetragenem zweitem Fahrer müssen Sie mit geringen Aufpreisen rechnen. Das geforderte Mindestalter des Fahrers liegt meist bei 21 Jahren. Der nationale Führerschein reicht aus.

▦ NOTRUF

Allgemeine Notfälle: *Tel. 112*
Nationalpolizei: *Tel. 091*
Städtische Polizei: *Tel. 092*

▦ ÖFFENTLICHE VERKEHRSMITTEL

Die Busnetze auf beiden Inseln sind gut ausgebaut. Infos über die Fremdenverkehrsbüros oder unter *www.ibizabus.com*.

▦ POST

Briefe bis 20 g und Postkarten in EU-Länder sowie in die Schweiz brauchen nur wenige Tage Laufzeit und kosten zzt. 62 Cent. Briefmarken sind nicht nur in den Postämtern, sondern auch in Tabakläden *(tabacos)* erhältlich. Die Höhe des Portos ändert sich im Regelfall zum Jahresbeginn.

▦ PREISE

Das Preisniveau auf den Inseln entspricht mitteleuropäischen Standards. Die Einfuhr der meisten Waren auf dem See- oder Luftweg verteuert das Ganze, wie sich beim Blick in die Regale von Supermärkten zeigt. Cocktails, Diskoeintritte, Automiete und abendliche Restaurantbesuche verschlingen bei manchen mehr vom Urlaubsbudget als geplant. Dagegen sind Benzin und Mittagsmenüs in einfachen Restaurants günstig. Die Hotelpreise fallen in der Nebensaison auf bis zu 50 Prozent der Juli/August–Tarife.

▦ STROM

Überall kommt der Strom mit 220 Volt aus der Dose, normale Stecker.

▦ TELEFON & HANDY

Internationale Gespräche mit der Vorwahl 00. Danach folgen die Landeskennzahl (49 für Deutschland, 43 für Österreich, 41 für die Schweiz), die Vorwahl der Stadt ohne 0 und die Teilnehmernummer. Vorwahl für Spanien: 0034. Alternative zu den oftmals schlecht gewarteten Telefonzellen der Gesellschaft *Telefónica* sind private Fernsprechzentren *(locutorios)*, von wo Sie deutlich günstiger telefonieren können. Ihr eigenes Handy können Sie in Spanien problemlos benutzen. Vor Ort wählt es automatisch den frequenzstärksten Netzbetreiber aus, nimmt dabei auf den Preis allerdings keine Rücksicht. Preisübersichten z.B. bei *www.teltarif.de*

PRAKTISCHE HINWEISE

TRINKGELD

In Restaurants sind 5–10 Prozent der Gesamtsumme üblich, vorausgesetzt, Sie waren zufrieden. In Bars rundet man den Betrag allenfalls ein wenig auf. Die Spanier selbst zeigen sich gemeinhin nicht allzu großzügig. Kein Trinkgeld für Taxifahrer.

UNTERKUNFT

Die Palette der Unterkünfte reicht vom einfachen Gasthaus *(hostal)* über das Apartmenthotel *(aparthotel)* bis zum luxuriösen Hotel *(hotel)*. Achten Sie darauf, ob der angegebene Preis das Frühstück und den verminderten Mehrwertsteuersatz von 7 Prozent (IVA) enthält. Dazu gibt es keine einheitliche Regelung. Auf dem Vormarsch befindet sich der „Tourismus auf dem Land" mit schönen Landhotels, die meist zur Hochpreiskategorie zählen. Während auf Formentera (von Ausnahmen abgesehen)

kleinere Beherbergungsbetriebe verbreitet sind, werden Sie auf Ibiza auch manch abstoßenden Hotelkasten sehen. Infos im Internet: *www.ibiza-hotels.com* oder *www.ibizahotelsguide.com*. Viele Hotels schließen in der Nebensaison komplett!

ZEITUNGEN

Deutschsprachige Zeitungen sind meist am Erscheinungstag erhältlich. Besucher mit Spanischkenntnissen werfen einen Blick in die Tageszeitung „Diario de Ibiza". Infos, aktuelle Storys und wichtige Veranstaltungstermine im deutschsprachigen Monatsmagazin „Ibiza heute" *(www.ibiza-heute.de)*.

ZOLL

Innerhalb der EU dürfen Waren für den persönlichen Gebrauch frei ein- und ausgeführt werden, u.a. 800 Zitten, 10 l Spirituosen, 90 l Wein.

WETTER AUF IBIZA

Jan.	Feb.	März	April	Mai	Juni	Juli	Aug.	Sept.	Okt.	Nov.	Dez.
15	15	17	19	22	25	28	29	27	23	19	16
Tagestemperaturen in °C											
8	7	9	11	14	18	21	22	20	16	12	9
Nachttemperaturen in °C											
6	6	7	8	10	11	12	11	8	6	5	5
Sonnenschein Std./Tag											
5	4	3	4	2	2	0	1	3	7	6	5
Niederschlag Tage/Monat											
14	13	14	15	17	21	24	25	24	21	18	14
Wassertemperaturen in °C											

> PARLES CATALÀ?

„Sprichst du Katalanisch?" Dieser Sprachführer hilft Ihnen, die wichtigsten Wörter und Sätze auf Katalanisch zu sagen

Aussprache

c	wie „s" vor „e", „i" (z.B. Barcelona); wie „k" vor „a", „o" und „u" (z.B. Casa)	
ç	wird als „s" gesprochen (z.B. França)	
g	wie in „Genie" vor „e", „i"; wie „g" vor „a", „o" und „u"	
l·l	wird als „l" gesprochen	
ny	wie das „gn" in „Champagner" (z.B. Catalunya)	
que/qui	das „u" ist immer stumm, wie deutsches „k" (z.B. perquè)	
v	am Wortanfang und nach Konsonant wie „b" (z.B. València)	
x	wird gesprochen wie das deutsche „sch" (z.B. Xina)	

■ AUF EINEN BLICK

Ja/Nein	Sí/No
Vielleicht	Potser
Bitte	Sisplau
Danke	Gràcies
Entschuldigen Sie!/Entschuldige!	Perdoni./Perdona.
Wie bitte?	*(Sie)* Com diu?/*(du)* Com dius?
Ich verstehe Sie/dich nicht.	No l'entenc./No t'entenc.
Ich spreche nur wenig (Katalanisch).	Parlo només una mica (de català).
Sprechen Sie Deutsch/Englisch?	Parla alemany/anglès?
Können Sie mir bitte helfen?	Pot ajudar-me, sisplau?
Ich möchte …	Voldria …
Haben Sie …?	Té …?
Ich suche ...	Busco ...
Wie viel kostet es?	Quant val?
Wie viel Uhr ist es?	Quina hora és?

■ KENNEN LERNEN

Guten Morgen!	Bon dia!
Guten Tag!	Bon dia! (Bona tarda.)
Guten Abend!	Bona nit!
Hallo!/Grüß dich!	Hola, què hi ha?
Wie geht es Ihnen/dir?	Com va?
Danke. Und Ihnen/dir?	Gràcies, i vostè?/i tu?
Auf Wiedersehen!	Adéu. Passi-ho bé.
Tschüs!	Adéu!
Bis bald!	Fins després!

SPRACHFÜHRER KATALANISCH

UNTERWEGS

AUSKUNFT

links/rechts	a l'esquerra/a la dreta
geradeaus	tot recte
nah/weit	a prop/lluny
Bitte, wo ist …?	Sisplau, on és…?
Wie weit ist das?	És molt lluny això?
Gibt es öffentliche Verkehrsmittel dorthin?	S'hi pot anar amb mitjans de transport públic?
Wie komme ich dorthin?	Com s'hi va?
Zum Hotel, bitte.	A l'hotel, sisplau.
Zum Bahnhof.	A l'estació.
Zum Flughafen.	A l'aeroport.
Ich möchte … mieten.	Voldria llogar …
… ein Auto …	… un cotxe.
… ein Fahrrad …	… una bicicleta.
… ein Motorrad …	… una moto.

PANNE

Ich habe eine Panne.	Tinc una avaria.
Würden Sie mir bitte einen Abschleppwagen schicken?	Poden enviar-me sisplau una grua?
Gibt es hier in der Nähe eine Werkstatt?	Hi ha per aquí a prop un taller?

TANKSTELLE

Wo ist bitte die nächste Tankstelle?	On és la gasolinera més propera, sisplau?
Ich möchte … Liter …	Voldria … litres de …
… Normalbenzin.	… Gasolina normal.
… Super.	… Súper.
… Diesel.	… Diesel.
… bleifrei/mit Blei.	… sense plom/… amb plom.
Volltanken, bitte.	Ple, sisplau.

UNFALL

Hilfe!	Ajuda!
Achtung!	Compte!
Rufen Sie bitte schnell …	Truqui sisplau de pressa …
… einen Krankenwagen.	… a una ambulància.

	... a la policia.
... die Polizei.	... als bombers.
... die Feuerwehr.	Té benes?
Haben Sie Verbandszeug?	Ha estat culpa meva.
Es war meine Schuld.	Ha estat culpa seva.
Es war Ihre Schuld.	Pot donar-me el seu nom i la seva
Geben Sie mir bitte Ihren	adreça, sisplau!
Namen und Ihre Anschrift!	

ESSEN/UNTERHALTUNG

Wo gibt es hier ...	On hi ha per aquí a prop ...
... ein gutes Restaurant?	... un bon restaurant?
... ein nicht zu teures Restaurant?	... un restaurant no massa car?
... ein typisches Restaurant?	... un restaurant típic?
Gibt es hier eine gemütliche	Hi ha per aquí a prop algun bar
Kneipe?	bonic?
Reservieren Sie uns bitte	Reservi sisplau per avui al vespre für
heute Abend einen	una taula per a quatre persones.
Tisch für vier Personen.	
Könnte ich bitte ... haben?	Podria portar-me ...
... ein Messer ...	... un ganivet?
... eine Gabel ...	... una forquilla?
... einen Löffel ...	... una cullera?
Auf Ihr Wohl!	Salut.
Bezahlen, bitte.	El compte, sisplau.
Bitte alles zusammen.	Cobri-ho tot junt, sisplau.
Getrennte Rechnungen, bitte.	Per separat, sisplau.
Hat es geschmeckt?	Els ha agradat?
Das Essen war ausgezeichnet.	El menjar era excel·lent.

EINKAUFEN

Wo finde ich ...?	On hi ha ...?
... eine Apotheke	... una farmàcia
... eine Bäckerei	... un forn
... ein Fotogeschäft	... una botiga de fotos
... ein Einkaufszentrum	... un supermercat
... ein Lebensmittelgeschäft	... una botiga de queviures
... einen Markt	... un mercat

ÜBERNACHTUNG

Können Sie mir bitte ...	Em pot recomanar ..., sisplau?
empfehlen?	
... ein gutes Hotel ...	... un bon hotel
... eine Pension ...	... una pensió
Haben Sie noch ...	Tenen encara ...

SPRACHFÜHRER

… ein Einzelzimmer? … una habitació senzilla?
… ein Zweibettzimmer? … una habitació doble?
… mit Bad? … amb bany?
… für eine Nacht? … per una nit?
… für eine Woche? … per una setmana?

■ PRAKTISCHE INFORMATIONEN ■

ARZT

Können Sie mir einen
guten Arzt empfehlen? Em pot recomanar un bon metge?
Ich habe hier Schmerzen. Em fa mal aquí.
Ich habe … Tinc …
… Durchfall. … diarrea.
… Fieber. … febre.
… Husten. … tos.

POST

Was kostet … Quant val …
… ein Brief … … una carta …
… eine Postkarte … … una postal …
… nach Deutschland? … a Alemanya?
Eine Briefmarke, bitte. Un segell, sisplau.

■ ZAHLEN ■

0	zero	20	vint
1	un/una	21	vint-i-u/vint-i-una
2	dos/dues	22	vint-i-dos/vint-i-dues
3	tres	30	trenta
4	quatre	40	quaranta
5	cinc	50	cinquanta
6	sis	60	seixanta
7	set	70	setanta
8	vuit	80	vuitanta
9	nou	90	noranta
10	deu	100	cent
11	onze	200	dos-cents/dues-centes
12	dotze	1 000	mil
13	tretze	2 000	dos mil/dues mil
14	catorze	10 000	deu mil
15	quinze	1 000 000	un milió
16	setze		
17	disset	1/2	mig
18	divuit	1/3	un terç
19	dinou	1/4	un quart

Blick auf Eivissas Oberstadt (Dalt Vila)

> UNTERWEGS AUF IBIZA/FORMENTERA

Die Seiteneinteilung für den Reiseatlas finden Sie auf dem hinteren Umschlag dieses Reiseführers

REISE
ATLAS

A B C

1

Cala d'es Castellar

SES MARGALIDES

Cap Negret

Can M'

Cap Nunó

Cova de ses Fontanelles

EIVISSA
IBIZA

Mar

Mediterrània

sa Foradada

S' ILLETA

PM812

Punta Galera

Cap Negret

Punta de sa Galera

Can Germà

Cap Negret

Stella Maris

Cala Grassió

Can Besora de sa Cape

Cap d' es Caval

Dénia

2

Cap de s' Aguila

ILLA DE SA CONILLERA

Cala Grassió

Cala Grassió

St. An de Po

I. BLEDA PLANA

Parc

I. BLEDA REDONDA

Cap Blanc

I. DES BOSC

Cala Blanca

Badia de Sant Antoni

Cap Blanc

Can Porte

E30

I. NA GORRA

Natural

Punta de sa Torre

Cala Roig

Punta Xinxó

I. DE S'ESPARTOR

Punta s' Embarcador

Cap la Bassa

Cala Bassa

Can Portes

3

I. FRARE

Puig del Delfin

Cala Bassa

Port d'es Torrent

Cala Codolar

Cala Corral

PM803

Cala Llentia

Can Berri

Cala Corral

Cala Tarida

Cala Tarida

Bella Tarida

Sant Augustí d'es Vedra

Can Ramonent

Cala Molí

Punta de so Llosa

Serra de Cala Molí 243

St. Josep de sa

4

Cala Vadella

Cala Molí

Coll de sa Creu

475

sa Talaia

PM803

Cala Vadella

Serra Mar

Cala

Cala Carbó

Casas Novas

Cova

d'Hort

Cala Carbó

Cala d'Hort

Can Sindie

Cala d'Hort

Ermita

Vista Alegre

5

Cap Blanc

Mirador d'es Savinar

Torre del Pirata 413

Llentrisca

es Cubells

Cala d'es Cubells

Porroig

Can Arribas

Cap d' es Jueu

Païssa d'en Font

Cap Negret

Cala d'es Xarcu

I. D'ES VEDRANELL

Cala Llentrisca

Cala d'es Jondal

I. D'ES VEDRA

Punta de Porroig

Punta

Cap Llentrisca

6

2km

122

d'es Jondal **A** d'es Codolar ses Salines 3,5 159 Punta Corpmari **B** Cap s' Esponja **C**

166 la Revista

Falcó **1**

La Canal Platja d'es Cavallet

Cap d'es Falco *Parc Natural*

Platja de ses Salines

Punta de la Roma Punta de ses Portes

IS. NEGRES I. D'ES PENJATS Far d'es Penjats

de ses Salines

2 St. Antoni de Portmany Far d'en Pou I. D'ES PORCS

I. DE SA TORRETA Cala Boix

Cala Torretes

Port de s'Espalmador *I. DE S'ESPALMADOR*

Punta de Gastavi

Punta del Ras

Trucadors

3 Platja de ses Illetes Racó de ses Ampolles

I. POUET I. RODONA Platja de Llevant

es Cavall d'en Borrás

Punta de sa Pedrera Ca'n Savina **3**

sa Savina 820-2 Can Miguel de Baix 2,5

Estany d'es Peix Platja d'es Pujols Punta P

es Banc Estany Pudent Es Pujols

Torre se sa Gavina Can Maianset 3 2,5 Racó d'e

Punta de sa Gavina

Can Bartomevet 2,5

Església de St. Francesc Xavier St. Ferràn de s

Caló d'es Trui St. Francesc 2,5 Cova d'en Jeroni es Ca

Cala Saona Mari Ses Roques

Punta Rossa Can Pujol del Fum 3 *F O R M E N T E R A* Torre d'es 1,5 Pi d'es

Cap de Barbaria 820-1 2 Can Vicent Pins Racó es Ca Mari Català

Castell de's Pla de s' Argelà

Cap Alt Ca La Coixa Parra Can Petit Platja de

113 1,5

Torre Punta de l'Anguila

Racó de s'Alga

es Pla del Rei

104

6 Torre d'es Cap de Barbaria

Cap de Barbaria

S'ESPARDELL

M a r

M e d i t e r r à n i a

Roques

FORMENTERA

Jaume

rta Penyal d'en Jaume

Punta de sa Palmera

Punta de sa Creu

Ses Platgetes

sa Cala

M820

es Caló de St. Agusti

Racó d'es Caló

Punta d'en Joan Jai

Ferrer

es Monestir

Punta de sa Xindria

2,5

Cova d'es Fum

Cova 133

2,5

sa Xindria

Maryland

Cova de la Mano

la Mola

N. S. del Pilar

el Pilar de la Mola

Racó de sa Xindria

2

5,5

Far de la Mola

192

Mola

146

Punta de sa Ruda

2

Calo d' es Mort

es Ram

Cova d'es Ram

Cala Codolar

s'Estufador

Cova Mola

Punta Roja

2km

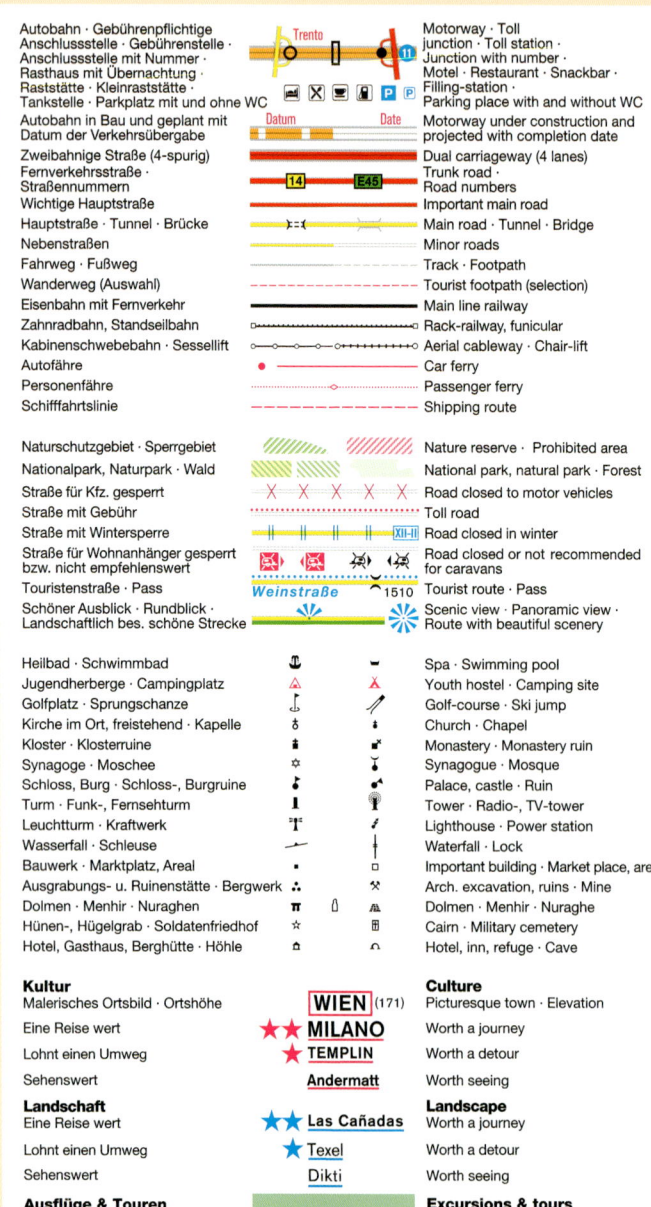

Autobahn · Gebührenpflichtige Anschlussstelle · Gebührenstelle · Anschlussstelle mit Nummer · Rasthaus mit Übernachtung · Raststätte · Kleinraststätte · Tankstelle · Parkplatz mit und ohne WC	Motorway · Toll junction · Toll station · Junction with number · Motel · Restaurant · Snackbar · Filling-station · Parking place with and without WC
Autobahn in Bau und geplant mit Datum der Verkehrsübergabe	Motorway under construction and projected with completion date
Zweibahnige Straße (4-spurig)	Dual carriageway (4 lanes)
Fernverkehrsstraße · Straßennummern	Trunk road · Road numbers
Wichtige Hauptstraße	Important main road
Hauptstraße · Tunnel · Brücke	Main road · Tunnel · Bridge
Nebenstraßen	Minor roads
Fahrweg · Fußweg	Track · Footpath
Wanderweg (Auswahl)	Tourist footpath (selection)
Eisenbahn mit Fernverkehr	Main line railway
Zahnradbahn, Standseilbahn	Rack-railway, funicular
Kabinenschwebebahn · Sessellift	Aerial cableway · Chair-lift
Autofähre	Car ferry
Personenfähre	Passenger ferry
Schifffahrtslinie	Shipping route
Naturschutzgebiet · Sperrgebiet	Nature reserve · Prohibited area
Nationalpark, Naturpark · Wald	National park, natural park · Forest
Straße für Kfz. gesperrt	Road closed to motor vehicles
Straße mit Gebühr	Toll road
Straße mit Wintersperre	Road closed in winter
Straße für Wohnanhänger gesperrt bzw. nicht empfehlenswert	Road closed or not recommended for caravans
Touristenstraße · Pass	Tourist route · Pass
Schöner Ausblick · Rundblick · Landschaftlich bes. schöne Strecke	Scenic view · Panoramic view · Route with beautiful scenery
Heilbad · Schwimmbad	Spa · Swimming pool
Jugendherberge · Campingplatz	Youth hostel · Camping site
Golfplatz · Sprungschanze	Golf-course · Ski jump
Kirche im Ort, freistehend · Kapelle	Church · Chapel
Kloster · Klosterruine	Monastery · Monastery ruin
Synagoge · Moschee	Synagogue · Mosque
Schloss, Burg · Schloss-, Burgruine	Palace, castle · Ruin
Turm · Funk-, Fernsehturm	Tower · Radio-, TV-tower
Leuchtturm · Kraftwerk	Lighthouse · Power station
Wasserfall · Schleuse	Waterfall · Lock
Bauwerk · Marktplatz, Areal	Important building · Market place, area
Ausgrabungs- u. Ruinenstätte · Bergwerk	Arch. excavation, ruins · Mine
Dolmen · Menhir · Nuraghen	Dolmen · Menhir · Nuraghe
Hünen-, Hügelgrab · Soldatenfriedhof	Cairn · Military cemetery
Hotel, Gasthaus, Berghütte · Höhle	Hotel, inn, refuge · Cave

Kultur / **Culture**

Malerisches Ortsbild · Ortshöhe	Picturesque town · Elevation
Eine Reise wert	Worth a journey
Lohnt einen Umweg	Worth a detour
Sehenswert	Worth seeing

Landschaft / **Landscape**

Eine Reise wert	Worth a journey
Lohnt einen Umweg	Worth a detour
Sehenswert	Worth seeing

Ausflüge & Touren	**Excursions & tours**

FÜR IHRE NÄCHSTE REISE

gibt es folgende MARCO POLO Titel:

REGISTER

In diesem Register sind alle im Reiseführer erwähnten Orte und Ausflugsziele sowie einige wichtige Stichworte aufgeführt. Halbfette Seitenzahlen verweisen auf den Haupteintrag. Mit (Fo) bezeichnete Einträge beziehen sich auf die Insel Formentera.

> ***www.marcopolo.de/ibiza***

IMPRESSUM

SCHREIBEN SIE UNS

Liebe Leserin, lieber Leser,

wir setzen alles daran, Ihnen möglichst aktuelle Informationen mit auf die Reise zu geben. Dennoch schleichen sich manchmal Fehler ein – trotz gründlicher Recherche unserer Autoren/innen. Sie haben sicherlich Verständnis, dass der Verlag dafür keine Haftung übernehmen kann.

Wir freuen uns aber, wenn Sie uns schreiben.

Senden Sie Ihre Post an die MARCO POLO Redaktion, MAIRDUMONT, Postfach 3151, 73751 Ostfildern, info@marcopolo.de

IMPRESSUM

Titelbild: Flip-Flops am Strand (alamy images/Brand X Pictures: Via Productions)
Fotos: alamy images/Brand X Pictures: Via Productions (1); Friederike Diestel (13 o., 14 o., 14 u., 98 o.l.); Valentino Dore (12 o.); A. Drouve (13 o. 1.); R. Gill (107); © fotolia.com: Michael Fritzen (15 o.); R. Hackenberg (3 l., 4 r., 30/31, 68); HB Verlag: Schröder (3 r., 43, 63, 88, 94, 97, 100/101); Huber: Liese (8, 35), Schmid (6/7, 24/25, 28, 66, 70/71, 92/93); Ibiza Retreats (13 u.); IFA Bilderteam: Marc (60/61); ©iStockphoto.com: gumiszon (99 u.r.), Loles (99 o.l.), lubilub (98 u.r.), MorePixels (99 M.r.), PhantomOfTheOpera (14 M.), Jose Ignacio Soto (98 M.r.), Aleksej Vasic (99 M.l.); Laif: Eid (2 r., 45, 52, 56, 73); Mauritius: Cash (104/105), Habel (40/41), Mattes (48/49), Siepmann (5); H. P. Merten (3 M., 28/29, 85, 102); PARAWDISO (98 M.l.); Patrizia Pribetic (15 u.); D. Renckhoff (Klappe links, Klappe rechts, 2 l., 16/17, 19, 20, 23, 34, 36, 38, 47, 50, 58 u., 58/59, 77, 87); T. Stankiewicz (Klappe Mitte, 4 l., 9, 11, 27, 32, 55, 64/65, 69, 75, 78/79, 80, 83, 91); K. Thiele (118/119); Sweet Dreams Ibiza (12 u.); White Star: Gumm (22/23, 26, 29); T. Widmann (22, 84)

4. (13.), aktualisierte Auflage 2010
© MAIRDUMONT GmbH & Co. KG, Ostfildern
Chefredaktion: Michaela Lienemann, Marion Zorn
Autor: Andreas Drouve; Redaktion: Jochen Schürmann
Programmbetreuung: Silwen Randebrock; Bildredaktion: Gabriele Forst
Szene/24h: wunder media, München
Kartografie Reiseatlas: © MAIRDUMONT, D-73751 Ostfildern
Innengestaltung: Zum goldenen Hirschen, Hamburg; Titel: S. 1–3: Factor Product, München
Sprachführer: in Zusammenarbeit mit Ernst Klett Sprachen GmbH, Stuttgart, Redaktion PONS Wörterbücher

Das Werk einschließlich aller seiner Teile ist urheberrechtlich geschützt. Jede urheberrechtsrelevante Verwertung ist ohne Zustimmung des Verlages unzulässig und strafbar. Das gilt insbesondere für Vervielfältigungen, Übersetzungen, Nachahmungen, Mikroverfilmungen und die Einspeicherung und Verarbeitung in elektronischen Systemen.
Printed in Hungary. Gedruckt auf 100% chlorfrei gebleichtem Papier

Andreas Drouve lebt seit Mitte der Neunzigerjahre in Spanien und ist als freier Autor und Journalist ständig auf Achse.

Was reizt Sie an Ibiza und Formentera?

Die Kontraste – in jederlei Hinsicht! Lange Strände und kleine Buchten, Klippen und grüne Höhenzüge, der große Dreh- und Angelpunkt Ibiza-Stadt und die ausgestreuten kleinen Dörfer im Hinterland. Außerdem: die Inseln im Sommer und im Winter, das sind Unterschiede wie Tag und Nacht. Klimatisch lebt man natürlich auf der Sonnenseite des Lebens.

Was ist mit der Landschaft, der Kultur?

Das Meer und die herrlichen Strände sind eine Sache, die Berge und die Ausblicke eine andere – zumindest auf Ibiza. Wer einmal oben auf dem Sa Talaia steht, wird vom Naturpanorama und der Fülle an Grün angenehm überrascht sein. Auf Formentera spielt sich alles auf geringerer Höhe ab, da sorgen Dünen und Felsenküste für die landschaftlichen Kontraste zu den Stränden. Kulturell gibt es sicher spannendere Ziele als die Pityusen, doch immerhin werden immer mal wieder gute Konzerte veranstaltet. An die Kultur vergangener Zeiten erinnern Ibizas Altstadt und die wulstigen Wachtürme, die Talaiots.

Und was mögen Sie hier nicht so?

Den starken Verkehr, keine Frage. Aber der lässt sich ebensowenig ändern wie die Anblicke von manch tristen Wohnblocks und Gewerbegebieten, die es ebenfalls gibt.

Sprechen Sie die Landessprache?

Da müsste man besser sagen: die Sprachen. Spanisch und Katalanisch sind auf den Inseln ja parallel vertreten, wobei ich kein Freund der Katalanisierung bin. Spanisch hatte ich schon als Abiturfach und habe es, neben Germanistik und Völkerkunde, auch studiert. Katalanisch verstehe ich problemlos, bin aber kein aktiver Sprecher.

Was machen Sie beruflich?

Mein Ziel war es schon immer, Bücher und Reportagen über Reisen und fremde Kulturen zu schreiben – und damit bin ich als freiberuflich tätiger Autor und Journalist auch vollends ausgelastet, zum Glück. Meine Bücher erscheinen in vielen bekannten deutschen Verlagen.

Mögen Sie die Küche der Inseln?

Na klar, zuvorderst all das, was mit Fisch und Krustentieren zu tun hat. Als passionierter Amateurtrinker genehmige ich mir dazu mit Vorliebe einen echten ibizenkischen Wein.